近代经济生活系列

民族工业发展史话

A Brief History of
National Industry in China

徐建生 / 著

社会科学文献出版社
SOCIAL SCIENCES ACADEMIC PRESS (CHINA)

图书在版编目（CIP）数据

民族工业发展史话/徐建生著.—北京：社会科学文献出版社，2011.12
（中国史话）
ISBN 978－7－5097－1631－1

Ⅰ.①民… Ⅱ.①徐… Ⅲ.①民族工业－工业史－中国－近代 Ⅳ.①F429.05

中国版本图书馆 CIP 数据核字（2011）第 111344 号

"十二五"国家重点出版规划项目

中国史话·近代经济生活系列

民族工业发展史话

著　　者／徐建生

出　版　人／谢寿光
出　版　者／社会科学文献出版社
地　　址／北京市西城区北三环中路甲29号院3号楼华龙大厦
邮政编码／100029

责任部门／人文科学图书事业部（010）59367215
电子信箱／renwen@ ssap. cn
责任编辑／韩莹莹　黄　丹
责任校对／韩海超
责任印制／岳　阳
总　经　销／社会科学文献出版社发行部
　　　　　　（010）59367081　59367089
读者服务／读者服务中心（010）59367028

印　　装／北京画中画印刷有限公司
开　　本／889mm×1194mm　1/32　印张／5.875
版　　次／2011年12月第1版　　字数／114千字
印　　次／2011年12月第1次印刷
书　　号／ISBN 978－7－5097－1631－1
定　　价／15.00元

本书如有破损、缺页、装订错误，请与本社读者服务中心联系更换
　版权所有　翻印必究

《中国史话》编辑委员会

主　　任　陈奎元

副主任　武　寅

委　　员　(以姓氏笔画为序)
　　　　　卜宪群　王　巍　刘庆柱
　　　　　步　平　张顺洪　张海鹏
　　　　　陈祖武　陈高华　林甘泉
　　　　　耿云志　廖学盛

总 序

中国是一个有着悠久文化历史的古老国度，从传说中的三皇五帝到中华人民共和国的建立，生活在这片土地上的人们从来都没有停止过探寻、创造的脚步。长沙马王堆出土的轻若烟雾、薄如蝉翼的素纱衣向世人昭示着古人在丝绸纺织、制作方面所达到的高度；敦煌莫高窟近五百个洞窟中的两千多尊彩塑雕像和大量的彩绘壁画又向世人显示了古人在雕塑和绘画方面所取得的成绩；还有青铜器、唐三彩、园林建筑、宫殿建筑，以及书法、诗歌、茶道、中医等物质与非物质文化遗产，它们无不向世人展示了中华五千年文化的灿烂与辉煌，展示了中国这一古老国度的魅力与绚烂。这是一份宝贵的遗产，值得我们每一位炎黄子孙珍视。

历史不会永远眷顾任何一个民族或一个国家，当世界进入近代之时，曾经一千多年雄踞世界发展高峰的古老中国，从巅峰跌落。1840年鸦片战争的炮声打破了清帝国"天朝上国"的迷梦，从此中国沦为被列强宰割的羔羊。一个个不平等条约的签订，不仅使中国大量的白银外流，更使中国的领土一步步被列强侵占，国库亏空，民不聊生。东方古国曾经拥有的辉煌，也随着西方列强坚船利炮的轰击而烟消云散，中国一步步堕入了半殖民地的深渊。不甘屈服的中国人民也由此开始了救国救民、富国图强的抗争之路。从洋务运动到维新变法，从太平天国到辛亥革命，从五四运动到中国共产党领导的新民主主义革命，中国人民屡败屡战，终于认识到了"只有社会主义才能救中国，只有社会主义才能发展中国"这一道理。中国共产党领导中国人民推倒三座大山，建立了新中国，从此饱受屈辱与蹂躏的中国人民站起来了。古老的中国焕发出新的生机与活力，摆脱了任人宰割与欺侮的历史，屹立于世界民族之林。每一位中华儿女应当了解中华民族数千年的文明史，也应当牢记鸦片战争以来一百多年民族屈辱的历史。

当我们步入全球化大潮的 21 世纪，信息技术革命迅猛发展，地区之间的交流壁垒被互联网之类的新兴交流工具所打破，世界的多元性展示在世人面前。世界上任何一个区域都不可避免地存在着两种以上文化的交汇与碰撞，但不可否认的是，近些年来，随着市场经济的大潮，西方文化扑面而来，有些人唯西方为时尚，把民族的传统丢在一边。大批年轻人甚至比西方人还热衷于圣诞节、情人节与洋快餐，对我国各民族的重大节日以及中国历史的基本知识却茫然无知，这是中华民族实现复兴大业中的重大忧患。

中国之所以为中国，中华民族之所以历数千年而不分离，根基就在于五千年来一脉相传的中华文明。如果丢弃了千百年来一脉相承的文化，任凭外来文化随意浸染，很难设想13亿中国人到哪里去寻找民族向心力和凝聚力。在推进社会主义现代化、实现民族复兴的伟大事业中，大力弘扬优秀的中华民族文化和民族精神，弘扬中华文化的爱国主义传统和民族自尊意识，在建设中国特色社会主义的进程中，构建具有中国特色的文化价值体系，光大中华民族的优秀传统文化是一件任重而道远的事业。

当前，我国进入了经济体制深刻变革、社会结构深刻变动、利益格局深刻调整、思想观念深刻变化的新的历史时期。面对新的历史任务和来自各方的新挑战，全党和全国人民都需要学习和把握社会主义核心价值体系，进一步形成全社会共同的理想信念和道德规范，打牢全党全国各族人民团结奋斗的思想道德基础，形成全民族奋发向上的精神力量，这是我们建设社会主义和谐社会的思想保证。中国社会科学院作为国家社会科学研究的机构，有责任为此作出贡献。我们在编写出版《中华文明史话》与《百年中国史话》的基础上，组织院内外各研究领域的专家，融合近年来的最新研究，编辑出版大型历史知识系列丛书——《中国史话》，其目的就在于为广大人民群众尤其是青少年提供一套较为完整、准确地介绍中国历史和传统文化的普及类系列丛书，从而使生活在信息时代的人们尤其是青少年能够了解自己祖先的历史，在东西南北文化的交流中由知己到知彼，善于取人之长补己之短,在中国与世界各国愈来愈深的文化交融中,保持自己的本色与特色,将中华民族自强不息、厚德载物的精神永远发扬下去。

《中国史话》系列丛书首批计200种,每种10万字左右,主要从政治、经济、文化、军事、哲学、艺术、科技、饮食、服饰、交通、建筑等各个方面介绍了从古至今数千年来中华文明发展和变迁的历史。这些历史不仅展现了中华五千年文化的辉煌,展现了先民的智慧与创造精神,而且展现了中国人民的不屈与抗争精神。我们衷心地希望这套普及历史知识的丛书对广大人民群众进一步了解中华民族的优秀文化传统,增强民族自尊心和自豪感发挥应有的作用,鼓舞广大人民群众特别是新一代的劳动者和建设者在建设中国特色社会主义的道路上不断阔步前进,为我们祖国美好的未来贡献更大的力量。

陈奎元

2011年4月

⊙徐建生

作者小传

徐建生，1966年生，1982年始先后就学于南开大学和中国社会科学院研究生院，获历史学硕士、经济学博士学位。现就职于中国社会科学院经济研究所，任研究生院教授、博士生导师，兼任中国经济史学会常务理事、副秘书长。专业方向为中国近代经济史。著有《中国近代经济史，1895~1927》（合著）、《中国近代经济史，1927~1937》（合著）、《民国时期经济政策的沿袭与变异》等，发表论文《建国60年来中国近代经济史学科与研究》等。

目 录

一 艰难的起步 ………………………………… 1
1. 潜移默化与新生的萌芽 …………………… 1
2. 国门渐开与外来的冲击 …………………… 5
3. 兴办洋务与创业的启蒙 …………………… 7
4. 民族工厂与资本家诞生 …………………… 12
5. 艰难时世与软弱的依附………………………24

二 初期的发展 ………………………………… 29
1. 甲午战争与第一次高潮……………………… 29
2. 日俄战争后的第二次高潮…………………… 32
3. 新行业的出现与发展………………………… 36
4. 资本积累与阶级形成………………………… 45
5. 三分天下的发展态势………………………… 49
6. 清政府的宽允与退缩………………………… 54
7. 如影随形的沉寂与困境……………………… 57

三 黄金时代 …………………………………… 60
1. 民国建立与实业热潮………………………… 60

2. 政府的态度与角色 ································ 63
3. 世界大战与喘息良机 ···························· 70
4. 从低潮到百业争兴 ······························ 74
5. 民族资本企业集团的形成 ······················ 88
6. 中国资本家与产业工人 ························ 92
7. 局限、顽症与兴旺同在 ························ 95
8. 机不可失，时不再来 ···························· 99

四 顶峰与坎坷 ·· 101
1. 顶峰景象与曲折来路 ·························· 101
2. 国货与精品 ······································ 110
3. 南京政府的政策施为 ·························· 113
4. 价格机制与市场因素 ·························· 117
5. 规模经济与经营管理 ·························· 120
6. 技术设备与资金困难 ·························· 125
7. 无以避免的兴衰替继 ·························· 129
8. 种种不平衡与格局变化 ······················ 131

五 风急云乱的八年 ································ 134
1. 经济史上的敦刻尔克 ·························· 134
2. 大西南，大后方 ······························ 136
3. 掠夺与生存 ···································· 143

六 九死一生见沧桑 ································ 149
1. 希望与绝境 ···································· 149
2. 垄断与倾销 ···································· 151

3. 全面的崩溃 ·················· 154
4. 改天换地与绝处逢生 ············ 157

参考书目 ······················ 163

一　艰难的起步

潜移默化与新生的萌芽

中国有着漫长的封建社会的历史,自战国时代以来,前有秦汉,中有唐宋,后有明清,中华民族长期居于世界各地区多民族文化发展的前沿。就社会经济而言,历久弥精的农作技艺、水利设施、作物结构和集约程度,标志着农业生产力的提高,还有小手工业的不断扩大和发展,表现为分工的细致和技艺的精湛。所有这些进步,在当时世界各国经济的发展水平上,宋代达到了一览众山小的高峰。

伴随着农耕与手工业行业的发达,我们通过宋代《清明上河图》这样的历史画卷,看到了当时商业的繁盛。商品化的农产品和手工业制品,逐步流通于地方性的圩集、城市市场、区域及全国性的大市场,有了铺坊加工、饮食服务等的"坐商",更发展出从事长短途贩运的"行商"。商品交易以粮食、棉布和盐为大宗,说明这种商品经济主要是小农业和家庭手工业在市场上的结合,是作为"男耕女织"自然经济延伸出的辅助产物。但是另一方面，这种商品经济的扩大和发展，又将在自然经济居统治地位的社会中产生潜移默化的作用。

在由前承汉唐盛世的宋代所后启的明清时期，确切地说是从16、17世纪开始，以农业劳动生产率的高水平和商品经济的发展为历史前提，中国产生了资本主义的萌芽。这一结论依据于对明后期、清前中期农业及手工业各行业的细致考察。农业的劳动生产率、土地制度和租佃关系，手工业的技术规模、专业分工、资本构成、雇佣关系等，是历史研究的放大镜搜索一种经济"萌芽"的聚焦点。通过对这几方面的考察或许能够直接证明"萌芽"发生的地区和行业。

农业

福建武夷山产茶区商人租山或买园植茶

福建上杭山区的寮主雇箐民垦山

广东、福建某些地主经营的果木园

安徽南部山区的富裕棚民租山垦殖

川陕富裕棚民经营的药厂和木耳、香蕈、香菌厂

东北垦区富裕佃农招工垦殖

手工业

某些地方的制茶、制烟、制糖、酿酒和榨油业

某些地方的造纸、木版印刷业

江苏、浙江一些城市的丝织业

苏州、松江的棉纺业、染坊业、踹坊业

陕西南部的木材采伐业

广东佛山、陕西南部的冶铁业，云南铜矿业

山东博山、北京西部的煤矿业

江西景德镇的制瓷业

四川井盐业、河东池盐业、淮南海盐业

上海沙船运输业

从这些地方和行业中，不仅看到了真正受雇于资本的雇佣劳动，而且发现商人们采用发原料、收成品的包买制和出资雇工的雇主制等形式支配生产，手工业工场的存在及其对城乡的小手工业者的排挤和控制。自由雇佣劳动正是资本主义生产关系的核心内容，而在马克思看来，商人直接支配生产和工场手工业的形成，构成了从封建主义生产方式向资本主义过渡的两条起始途径。

鸦片战争后，上述手工行业中，陕西伐木、广东冶铁、云南铜矿以及河东池盐、淮南海盐等业逐渐衰落；踹坊、刨烟、木版印刷和沙船运输业逐步淘汰；而制糖、造纸、染坊和冶铁、铸铁业得以维持下来；制茶、酿酒、榨油、丝织、制瓷、井盐、煤矿业则有较大发展。绝大多数有向机器工业过渡的趋势和成为近代工厂基础的实例。此外，砻坊、磨坊、缫丝、轧花、织布、制革、砖瓦等以前未见萌芽的传统手工行业，以及新产生的一些手工行业，也先后开始采用机器或机械动力。这说明资本主义的萌芽在鸦片战争后并不是突然中断或全部停滞，而是继续成长，并显示出其代表新生产关系萌芽的主流趋向。在一定程度上，它为近代资本主义工业提供了现成的熟练工人，准备了市场和运输条件，以及一定的物质和资本基础。例如，1845年广州柯拜船坞作为中国最早的外资工厂之一，就是收买中国原有的手工船厂的泥坞而建立的，它还实行包工制雇佣中国的技术工人；1861年曾国藩设立安庆内军械所，是第一家洋务派官办工业，也是以工场手工业为基础建立的；第一家民族资本的近代工业，1869年上海发昌机器厂，也是由手工业工场采用车床而变为机器工业的。

资本主义萌芽作为出现于封建社会晚期的新生事物，自有其顽强的生命力和进步的历史作用，但也应看到另一方面的事实，即自16、17世纪到19世纪中叶，在近3个世纪的长时期内，资本主义萌芽的存在犹如熹微的晨星，其在农业中的萌芽极其缓慢，而手工业又大多停留在农民家庭手工业阶段。特别是不论在古今中外都居国民经济主导地位的棉纺织业，难以出现新生的资本主义萌芽，反而成为"男耕女织"自然经济的牢固支柱之一。这是一个致命的缺陷，使得资本主义萌芽的发育水平和积极意义微不足道，严重地制约了中国"发展到资本主义社会"的步伐。在跨越近代历史的门槛之前，中国社会中商品经济和新生的资本主义萌芽远远没能达到与自然经济相抗衡，或者滋长到拔地而起的程度，萌芽始终只停留在幼小的状态。所以，可以这样说：即使没有外国资本主义的入侵和影响，依照中国历史发展的逻辑假设，资本主义终将在中国出现。但是，这一由萌芽到壮大，由男耕女织走向大农业和近代工业的进程，将非常艰难和漫长。

国门渐开与外来的冲击

两次鸦片战争,是崛起两个世纪的西欧资本主义对蹒跚徘徊的东方封建古国的挑战。一向推行重农抑商、严格限制海外贸易、以天朝大国自居的清王朝,在战场上一触即溃,屡战屡败,逐渐丧失了自卫的能力和愿望。从1842年中英《南京条约》首开恶例后,被迫与接踵而至的西方列强签订了一系列丧权辱国的不平等条约,不但无力阻止白花花银两换作黑森森鸦片的罪恶贸易,更进而开埠割地、赔款求和。在短短的20年时间里,中国丧失了大片的领土和大半的主权,从独立自主的封建国家沦为披枷戴锁、任人宰割的半殖民地。

资本主义在世界范围的扩展,是血与火交织的过程。对于西方侵略者来说,用炮火打开中国的国门,意味着为本国资本主义的急剧膨胀找到了可供侵蚀和吸吮的巨大躯体。在获得种种的政治经济特权后,他们对照这里众多的人口,盘算着能够倾销出去的刀叉、钢琴、衬衣和睡帽的数量,算计的结果颇为如意。以此为例推及其他,则前景十分诱人。然而,正如清朝天子以为离开中国的茶叶,西方人会因肉食过多而生病的想法一样,这种计算的误差在于不够知己知彼。生活在由小农业和家庭手工业相结合的、自然经济稳固结构中的中国人,近乎完全自给自足,他们对市场的需求和购买力都极其有限。即使偶有需求,也是依从生活习俗，倾向于选择本国手工业和商业所供给的筷子、锣鼓和布袍之类。自然经济曾经严重束缚了本国商品经济和新生萌芽的发展，在与外敌交恶的数十年里，它也十分有力地抵御了外国资本主义的侵入。

自然经济的逐步瓦解始于19世纪60年代。马克思将外来势力的破坏和冲击概括为：用暴力清除以自己的劳动为基础的生产方式和占有方式。对于自然经济而言，就是要摧毁农业与家庭手工业的结合。其暴力手段包括了继军事暴力之后的经济侵略，表现为倾销商品、掠夺原料和输出资本。19世纪60年代前的中外贸易，西方列强继续使用鸦片倾销以补偿逆差的方法。其数量由1840年的20619箱增至1860年的85681箱。对外贸易额，1871～1873年年均进口10600万元，出口11000万元；1881～1883年年均进口12600万元，出口10800万元；1891～1893年则年均进口21900万元，出口16700万元。进口显著递增，入超愈加严重。商品结构上，进口鸦片很快被棉布、棉纱、钢铁、石油等工业产品所代替。出口茶叶则为丝、棉、毛、豆等原料所代替。商埠是经济侵略的基地，至90年代已增开至30余处，范围也由沿海、沿江而深入内地，甚至伸展到一些边远地区。外国人在商埠中据有租界，设立洋行、商行、工厂，进而控制或独占铁路、轮船等交通运输业，利用遍布各地的中国钱庄、商号形成掠夺原料土产和推销商品的庞大网络。他们还利用中国廉价的劳动力和原材料，就地开设工厂牟取在本国难以获得的高额利润。至1894年，外资设厂超过80家。

经济侵略的结果,首先是洋货充斥中国市场,纺织品、针钮、肥皂、灯烛、钟表、玩器、药材等花样翻新的"舶来品",通过挣扎求生的国内商业的贩卖,往往能流行于通商大埠乃至穷乡僻壤。当时的思想家郑观应在《盛世危言》中写道:"洋布、洋纱、洋花边、洋袜、洋巾入中国,而女红失业;煤油、洋烛、洋电灯入中国,而东南数省之柏树皆弃为不材;洋铁、洋针、洋钉入中国,而业冶者多无事投闲。此其大者,尚有小者,不胜枚举。"这种景象的背后,是自然经济解体的两个方面:耕织结合的分离和农产品的商品化。耕织分离主要是由于进口棉纺织品的大量输入,以致洋纱破坏土纺、洋布排挤土布。这种分离包括植棉与纺纱分离,纺纱与织布分离,纺织与农业分离等几个层次。各种工业品的蜂拥而入,则排挤了中国城乡简陋的手工业制品,原料与市场的丧失,使相当一部分行业迅速败落,许多行业不得不脱离与农业的紧密联系,另寻生路,有的转而向机器工业靠拢,充当加工、修理等配角。资本主义对入侵地域原有生产方式的破坏和摧毁,在为自身扫清道路的同时,造成了大量农民和手工业者的破产。新的行业技术和方式开始出现和渗透。社会财富和资源无形中改变了原有的流向和配置,中国的社会经济正被迫经历着亘古未有的大变动。

3 兴办洋务与创业的启蒙

60年代对于清王朝来说是一个内忧外患交迫的时

期。"开眼看世界"的林则徐等有识之士和以身殉国的勇将,并不能挽回中外战事的败局。帝国主义侵略者的步步紧逼,使朝野上下一片震恐。社会动荡不安加剧,农民暴动和少数民族起义此伏彼起,1851年后,又爆发了太平天国革命和捻军起义,朝中文武一筹莫展。外军的坚船利炮和新式火器给他们留下了无法磨灭的印象。一些靠"御侮平乱"有功起家的,握有兵权的达官权贵、封疆大吏,痛定思痛之余终于意识到技不如人,开始承认落后与先进的现实差距。他们打出"自强"、"求富"的旗号,希望"师夷长技",移植国外的先进技术,使经过整顿的正规军拥有新式的装备,并保证国家有充足的财富作为强化统治的后盾。正是从60年代开始,由这些官僚主持了以创办近代工业为主要内容的一系列活动。当时,凡政府办理涉外事务通称为"洋务"或"夷务",上自恭亲王奕䜣的一批醉心和致力于新式兵器、军制、路矿等的大官僚,被统称为"洋务派"。至90年代甲午战争,洋务派兴办洋务的洋务运动,持续了30多年。

洋务运动以"自强"和"求富"为主题分成前后两个部分。前期的目标很简单,就是"练兵制器"、筹办"海防"以求"自强"。1861年湘军鼻祖曾国藩创办安庆内军械所,罗致华蘅芳、徐寿等一批科技人员,研究仿制西式开花炮和小火轮,为兴办洋务军事工业之始。1863年,中国第一个留学美国的耶鲁大学毕业生容闳,向曾国藩建议先设一座备有"制造机器之机器"的"母厂",作为一切制造厂的基础;母厂所造机器不应限于专造枪炮,而应"可用以制造枪炮、农具、钟表及其他种种有机械之物"。曾国藩同意后全权委托容闳携银6.8万两赴美采购机器。容闳的这一办厂计划可谓有远见卓识,对于洋务运动突破单纯注重军火制造的狭隘思路具有深远意义。容闳圆满完成的此次采买专差,成为中国历史上有计划地大规模引进国外先进技术设备的创举,促进了洋务的继续兴办。

1862年,淮军领袖李鸿章在松江设立弹药厂,次年在苏州设立洋炮局。1865年李鸿章在上海主持成立江南制造总局,兼造枪炮、轮船和各种机器。同年,李鸿章又将苏州洋炮局迁到南京,扩充为金陵制造局。1866年闽浙总督左宗棠创设福州船政局,建马尾船厂专造轮船。1867年三口通商大臣崇厚设立天津机器局。风气一开,上行下效。地方官员也陆续在西安、福州、兰州、广州、济南、成都、吉林、杭州、台北、昆明、汉阳等城市开设了一批中小型的军火工厂。1861~1890年,洋务运动中创办的军工企业总计为24家。

上面提及名称的这几家企业,由于主持者的尽心竭力和好大喜功,因此各有侧重和专长,它们设备精良、规模巨大,平均经费在1000万两以上,是军火工业中的龙头。虽然在资金来源和产品分配等方面,依然沿袭以往官营手工业的做法,但它们以大量直接引进先进技术设备为起点,雇佣和养成了一批熟练技术工人,在生产和管理上就不得不采用一些新式方法。因此可以说,它们已基本具备了机器工业的特征,成为特殊历史条件下中国的第一批本国近代工业,作为国家资本的最初形态而载入中国资本主义发展史。

以"求富"为目的的洋务运动,比兴办军工以求"自强"的活动晚十年开始。第一批军事工业创设和运行的过程,一直不能摆脱经费不足的困扰。这是因为清政府疲于应付连年的内外战争,浩繁的军费开支和财富的外流,使得国民贫弱财政匮乏。另一方面,军事工业本身的设备、材料甚至燃料都大量依靠进口,不但仰赖外人,而且开支巨大。洋务派意识到"自强"必须有相应的财富来源作为基础,李鸿章就明确地上奏皇帝说:"必先富而后能强,尤必富在民生,而国本乃可益固。"同时,外商在华企业的高额利润,以及他们迫不及待地插手中国路矿电信业的企图,也给了洋务派很大的刺激。因此从70年代开始,洋务派在经办军工的同时,陆续创办了轮船、煤矿、冶铁、纺织、铁路、电报等一批近代民用工交企业。

1872年,李鸿章在上海创办轮船招商局,这是第一家中国轮船公司;1876年两江总督沈葆桢在台湾开办基隆煤矿;1877年李鸿章在河北开办开平煤矿;1878年陕甘总督左宗棠创办兰州机器织呢局;1879年李鸿章设立上海机器织布局;1880年李鸿章创办天津电报总局;1890年湖广总督张之洞在湖北开办汉阳铁厂、大冶铁矿和湖北织布局。到90年代为止,近代民用洋务工业的数量达到30家,以上述几家最为重要和典型。

如果说洋务派"自强""求富"的运动,是在维护封建统治的目的下,不自觉地引进和采用了资本主义的生产方式,那么,民用工业在资金来源、经营管理、生产技术和范围规模等方面,比军事工业向前迈进了一大步。民用工业的兴起,不但是作为军事工业的辅助,弥补其单打一的缺陷,而且产生了由进口替代走向形成洋务工业自身体系的趋势,其总体规模已大于外国在华企业。企业由完全官办转向以官督商办为主,还出现了官商合办的形式。官督商办是由官方垫资,然后指定商人向社会募资,经营中逐年归还垫支的官款。官商合办是官商双方按合同认股,依股份比例分负盈亏,商人名义上与官僚共同管理企业。在概称为"机船路矿"的各行业中,引进当时较为先进的技术设备,要求培养和训练大批的科技人才和技术工人,这些受雇的自由劳动者人数在2万以上。由于从产品配给转变为从事专门的商品生产,追求利润成为企业经营的明确目的,开始有了成本利润核算的必要和制度,企业在组织上也仿照资本主义公司企业的形式。

洋务企业有很多的缺点,比如其封建性、买办性和浓重的垄断色彩。它不能完全摆脱对外国资本、技术人才的依赖和妥协,企业的总办、帮办、坐办和提调等职位都由洋务派大官僚一手掌握,商股代表相比之下人微言轻。因此官僚制度的痼疾在企业中暴露无遗,用人不当、决策失误和经营失败、贪污舞弊等现象比比皆是。作为官方主持的企业,它拥有减免税收、贷款缓息等种种特权和行业性垄断的办厂"专利",压制了民间资本的独立发展。此外,在"自强"的迫切愿望驱使下开始的洋务运动，走的是一条从重工业开始的工业化道路，既与传统经济相脱节，又漠视和没有做到必要的积累，所以很难贯彻和持久。这些都是洋务运动未能给中国带来富强的原因。从这个意义上说，1895年甲午海战中北洋舰队的全军覆没，标志着洋务运动的失败。尽管如此，兴办洋务实际上在走向资本主义的道路上作了不少的尝试。它造就出一批新式工业企业，由于采用官督商办和官商合办的形式，吸纳了社会中的私人资本，将商人的责权和利益与企业的开办和经营挂上了钩。这些企业有的破产失败了，有的作为遗产还有所延续和发展，甚至部分企业中的商股利益的代表力图摆脱官股强制，从而产生向民间私人资本企业转化的趋势。30年的成败之中有教训可汲取，有经验可总结。这对于稍晚开始创业的民族工业来说，无疑是一次现场教学般的启蒙。

4 民族工厂与资本家诞生

资本主义萌芽的存在证实了中国并不是一块新生产方式的处女地，西方侵略者携带资本和技术设备乘胜而来的时候，发现很容易就能找到可供雇佣的熟练工人，包括纺织女工，从而开始机器生产，照样做他的资本家。丝毫不像他们在美洲或澳洲，带去的工人甚至侍候起居的仆人，一到那里反而纷纷弄块土地变成了小生产者。中国这块土地上的外资殖民工业是这样建立的，洋务派工业也由官办走向官督商办和官商合办，那么，商办工业即民族资本近代工业的出现，也就是势所必然的了。

然而，民族工业产生的途径却不是按部就班、顺理成章的，它并不是资本主义萌芽自然和正常发展的结果。历史环境的不同，使得几乎与中国萌芽的出现同时开始的西欧资本主义，在200年的时间里迅速完成了由简单协作、工场手工业向大工业过渡的三个阶段。它急剧膨胀后的对外侵略，就不再允许被侵略者有同样正常的发展机会。从此，中国的工场手工业像是稀疏地散布在一片熟土中的种子，更多地听命于气候条件的骤然变化。所以，尽管在民族工业产生伊始，出现过由工场手工业向机器工厂过渡的少数事例；20世纪初资本主义生产关系成形之后，又有大量小商人和作坊式工场主转变为企业主。但即使是在这些情形下，外来因素仍然起了主要的作用。中国资本主义的形成，已不是逐步过渡，而是强制淘汰和催熟的结果。总的来看，中国近代工业包括民族工业的兴起，大都是从利用外国输入的机器设备并模仿既有的企业创办经营实例开始的，在外国资本主义大举入侵的冲击和刺激下，越过了工场手工业阶段。

1869年上海发昌机器厂和1872年广东继昌隆缫丝厂，分别是由工场手工业转变和直接采用机器生产的两个典型例子。它们是最早出现的两家民族资本工厂。

上海发昌机器厂的前身，是1866年铁匠方举赞和孙英德合伙，用200元资本开办的一家打铁作坊。起初的家当只有一座打铁炉，雇用四五个工人。作坊的对面是虹口外商老船坞船厂，主要业务就是为老船坞打制修配船用零件。1869年，该厂开始使用具有工作母机性质的车床，生产规模和产品范围逐年增扩。1873年起开始在上海《申报》上用"发昌号铜铁机器车房"的厂名做广告。1876年后使用蒸汽动力，不但兼售英国制造的小型轮船，并且将制造整只小型轮船作为主要业务。进入80年代，由"能绘轮船图样，通晓机器，熟悉外文"的第二代业主接替经营。至90年代初发昌已有各类车床机械20台，分设木匠、制模、翻砂、打铁、冷作、车床、水汀炉（蒸汽锅炉）等车间，工人超过200人。在沪上商办工业界一时颇有名声。甲午战后，老船坞改归英商耶松船厂所有，发昌失去了一个老客户。1899年，发昌作价4万元卖给耶松船厂。

发昌机器厂作为目前所知的第一家民族工业，能够由手工作坊迅速地转变成为机器工厂，与它诞生在60年代后日显国际化大商埠风貌的上海，与它所从事的船舶修配和制造行业，甚至与它最初业务对象的选择和确定，都有紧密的关系。后来的上海建昌机器厂、永昌机器厂、均昌船厂，广东陈联泰机器厂和天津德泰机器厂，都与发昌有着类似之处。

三年后广东继昌隆缫丝厂设立，一些学者倾向于将它作为首家民族工业。这在很大程度上是因为确信，继昌隆在开办之始就采用了蒸汽锅炉等近代化设备。

继昌隆创办人陈启源，原籍广东南海县简村乡。他年纪尚轻就因家境困难和科场失利，于1854年赴南洋经商。18年后的1872年他回到南海，依照他在暹罗看到的制丝新法，以7000两的资本在家乡创办了继昌隆缫丝厂。当地人称该厂为"丝偈"，是因为它采用了法式机械制丝；有时又称作"鬼缫"，是因为这种制丝新法和洋鬼子有关系。其实，继昌隆产生在手工制丝盛行的广东，开业初始生产过程中不能排除人力动力的使用，机械设备也是逐渐全部到位的，这并不否定继昌隆具备了机器工业的主要特征。机械制丝的优势使继昌隆很快达到雇用六七百名女工的规模，细滑光洁的精美丝品销往欧美两洲，卖到了成倍于手工产品的高价，因此获得了大量的利润。此后的三四年时间里，南海、顺德两县有人竞相效法，到1882年新开的机器缫丝厂有10多家。清宣统年间的《南海县志》对这件侨商办厂的新事作了详细的记载。后来继昌隆多次拆迁改名，1937年停业时的商号是世昌纶。

19世纪70年代是中国民族资本近代工业诞生的年代，船舶和机器修造业与缫丝工业是出现最早的两个行业，所设工厂集中在上海、广东两地。船舶修造业的兴起，是在洋商大型船舶大量来华贸易的形势下，针对洋商在华企业中最早的船坞和船厂修配服务不够完备而兴起的，并逐渐地试造小火轮以适应国内航运发展的需要。事实上，机器制造大都是船舶修造企业的兼营业务，并没有成为独立行业，而是对车床母机加以充分利用的结果。比如，发昌厂虽然在造船上业务大进，但自始至终兼营各种机器的制造。又如，1870年天津德泰机器厂和1880年上海邓泰记机器厂，在使用车床后,除修船外还分别制造压榨机、抽水机或专造消防用手扳水龙,以至营业颇见兴旺。此外,1888年上海永昌厂由船舶修理改为以制造意大利式缫丝车为主,同时大昌厂也由制造小火轮兼造缫丝车,两厂还承造丝厂所用蒸汽锅炉和引擎。看来不仅是机因船起、船因机兴,二者合一,而且机船业与缫丝工业也关系密切,可谓携手并进。到甲午战争前,以上海为主开办的船舶和机器修造企业共16家。

机器缫丝工业的兴起,首先是由于生丝出口大量增加的推动,太平天国革命又使得生丝出口由上海所在的江浙地区转向广州,因此缫丝工业首先在广州附近地区出现。1876年后广州开办陈联泰和均和安两家机器厂,主要制造缫丝机器,以适应本地新工业的需求。广东很快成为制丝工业的中心。后起的上海丝厂虽然一开始就大量使用进口的意大利式丝车,在资本规模上大大超过了广东,但由于其产品全部依靠洋行外销,还面临外商丝厂的竞争,因此未能后来居上。1872~1894年累计开办的缫丝工厂,广东以南海、顺德为主,新会、三水较少,达88家,上海为8家,合计96家。

进出口商品中比重最大的棉纺织品,因其低廉的成本和高质量,相对于国内原有的手纺、土布业,在对原料与市场的争夺中占有较大的优势。虽然棉纺织业后来成为中国民族工业的支柱和主体,但是1894年以前机器轧花业,尤其是棉纺织业却很晚才出现。宁波的通久源于1887年在原手工工场的基础上,添置蒸汽动力设备、雇用日本技师，改为通久源机器轧花局。除此以外，其他已知的棉利、源记（1891）和礼和永（1893）3家轧花厂，开办地均在上海。

　　甲午战前建成投产的棉纺织企业，有上海华新和裕源两家华商纱厂。华新纱厂的基础是华新轧花厂。1888年起由上海道龚照瑗和继往的聂缉椝以官商合办华新纺织新局的名义增扩筹办。1891年华新纱厂投产，不久还清18万两创办资本中的上海道库垫款，成为商办企业，后由聂缉椝收买股权，更名为恒丰纱厂。1894年捐有上海道台衔的商人朱鸿度，投资30万两创办裕源纱厂。该厂拥有英国纱机25000锭，同年华新厂纱锭也增至15000枚，都具相当的规模。华商纱厂初设时以纺纱为主，将纱卖给农村织户以手工织布，但也置有少量布机兼营纺织。自洋务企业上海机器织布局1890年开业，棉纺织业显示出利润巨大的前景，很快在福州、天津、镇江、重庆、扬州、广州等地有了筹建纱厂的举动，但都以失败告终。原因之一是上海织布局获得了10年之内不准另行设局的垄断性专利，其次则是因为该行业要求企业有较大的规模，一时还难以筹集足够的资金。

　　同为满足人们衣食之需的面粉业，也出现了民族资本工厂。1878年，买办商人朱其昂在天津创办贻来牟机器磨坊，使用两套机器，日产粉能力150包，年获利六七千两。1883年前后，上海裕泰恒火轮面局已经创办并扩招新股。1887年，福州机器面粉厂开办。1891年，武举人李福明在北京开设机器磨坊，规模与贻来牟相仿，兼营外来小麦的加工业务。1893年，天津商人在今通县开办通州机器磨房。面粉工业后来也成为民族工业的一大行业，但从甲午战前的5家工厂来看规模尚小，技术设备处在由蒸汽石磨向机器钢磨的过渡之中，还没有成为严格意义上的近代工厂。1888年，祝大椿创办源昌碾米厂，则是同期碾米业的唯一机器工厂。

火柴厂所需资本少则数千多不过几万，与棉纺、面粉业相比要少得多，因此创办较易。火柴又称自来火、洋火，从国外传入后使国人的日常引火方式变得大为便利，很受欢迎，火柴制造业的开办也就有了分布各地的特点。

1879年，广东佛山的旅日侨商卫省轩回到家乡，创办巧明火柴厂，采用日本进口的柴梗。第一家火柴厂出现后，广东逐步成为火柴业较为发达的地区，计有1889年广州文明阁火柴局、义和公司，1893年九龙隆起公司。1890年后，上海陆续设立了3家火柴厂。其中燮昌在当时全国规模最大，产品大量销往外地。1887年天津曾有一家火柴厂，1891年火灾后重组为天津自来火公司。1889年和1893年，旅日侨商卢干臣先后在重庆开办森昌泰、森昌正火柴厂。1887年厦门也有设立火柴局的尝试，但两年后即告停业。此外，慈溪、太原、福州等地也办有火柴厂。至甲午战争前，火柴制造厂累计开办11家。这一时期的火柴厂大都引进日本技术，购置有排梗机、卸梗机等设备，所用梗木、箱材、包纸和药料等原材料多依赖于从日本进口，产品全部是非安全型的木梗硫黄火柴。

古老的造纸和印刷业也面临着引进技术、改变经营的创新挑战。1881年美国商人在上海开设华章纸厂，日产机制洋纸2吨，获利丰厚。在它的影响下，1882年广州商人合资15万两创办广州造纸厂，聘请英国技师，经营机器造纸。1884年，曹子俊兄弟在李鸿章支持下开办上海机器造纸局。1890年，商人钟锡良投资15万两在广州创办宏远堂机器造纸公司，聘用外国技师，日产纸62担。本期华商造纸业的3个厂家，生产和经营都很不成功。获利不成反而亏损负债。由于没有木浆，造纸原料采用破布絮和稻草，纸张质量难与进口洋纸竞争。上海机器造纸局就被迫放弃洋纸生产，改造连史、毛边等中国纸，却又敌不过设在原料产地的手工作坊。1876年四川铜梁土纸业中也出现改良生产的尝试，有人筹款万余元改用机器生产，结果归于失败。

中国第一家近代工业，也是最早出现的外资在华企业，是1843年由英国传教士在上海创办的墨海书馆，这是一家机器印刷厂。1872年英国人创办《申报》后大量的中西文报刊面世，表明新式印刷的广泛应用和前景。华商投资印刷，同样是受外商印刷业盛况的影响。1877年英商美查在上海设立点石斋石印局，是名利双收的典型例子。1882年，徐润等人集股购置印刷机器，创办上海同文书局。它印刷的《二十四史》和钦定百部本《图书集成》达到石印技术顶峰，它也因印品广为流传而闻名于世。其他纷纷设立者有上海的拜石山房、蜚英馆、鸣文书局、积石书局和鸿宝斋石印局等。广州分别于1882年、1888年设立广州印刷局和广州石印局，1892年杭州成立杭州石印局。此外武昌、苏州、宁波也有设立石印厂的不详记载。甲午战争前共出现了8家石印工厂，都是采用蒸汽引擎带动印刷机器的技术设备，但仍有大量手工操作。

本期还出现蒸汽机器榨油厂2家，都在广东汕头，分别创办于1879年和1893年。1890年，美国华侨黄秉常在广州设立电灯厂。采用100匹马力蒸汽机和1000伏交流电机各2座，可供1500盏灯。这在当时工商界和社会生活中是一件令人耳目一新的大事。此外，在制茶、制糖、制药、轧铜、制玻璃、锯木、制煤饼、制汽水等行业，也出现了少数采用机器生产的民族资本企业。

甲午战争前民族工业的陆续创办，大都集中在与人们日常生活密切相关的轻工行业。虽然有了一些机器制造企业，但全部依附于船舶修配业务，依赖于对外商船舶的服务。刚刚开始的缫丝、轧花机器制造业务，规模也极其有限，离充分发挥"工业之母"的功用还差很远。民族资本涉足于重工业领域，主要是投资于采矿业。为了求得政府支持和官方保护，多以官商合办和官督商办企业的名目出现，不能算作独立的民族资本工业。由于重工业对资金、技术、经营管理、运输等内外部条件的要求远高于轻工业，超出了当时的民族资本所具备的实力，所以民族资本试办的许多小规模采矿业，很少能找到成功的例子。

相对于外国资本和官僚资本来说，甲午战前的民族资本还是一支弱小的力量。首先是单纯民族资本工业企业的规模小。累计创办的145家企业中，2/3的资本在1万元以下，尤以16家船机修造业的开办资本最为微小，总计仅8800两，约为1.2万元。另外53家资本在1万元以上的企业，平均资本约为9.2万元。其次是投资分散，有限的资本散布在10多个行业的145家企业之中。可见企业规模小与投资分散是相互影响的。再次是部门结构简单，以轻工业行业为主。145家的累计创办企业总数中，有的已中途夭折，有的刚刚跌跌撞撞地起步。

据估计，1894年近代产业（包括工矿业和交通运输业）资本中，中外资本约各占55.5%和44.5%。本国资本不少的主要原因是一批颇具规模的洋务企业的兴办。1894年本国资本中，民间产业资本（民族资本）约值2000万元，为国家资本的42%，如果将纯粹的民族工业单独计算，则其700万元左右的资本总额，所占比重仅为13%。

随着外资、洋务和民办三种近代企业的陆续开办，成批破产的农民和失业的手工业者组成了中国产业工人的队伍，由70年代的1万人发展到1894年的近10万人，从而诞生了以产业工人为主体和核心的中国无产阶级。中西方资本主义道路的不同，使中国无产阶级的产生比中国民族资产阶级的形成早了30年。

在民族工业诞生的同时，产生了第一批民族资本家，另有一些人正在向资本家转化。资本家并非凭空而来，他们首先必须是有产阶级，在成为资本家之前是官僚、地主或商人；近代产业的丰厚利润对于他们有着强大的吸引力，而他们本人也对近代产业有相当的知识和经验。

鸦片战争后，中外贸易、外国商行和外资工厂的兴旺，培养出大量的买办商人。他们依靠洋人的势力、行业的优势和独特的经济职能，在短时间内大发横财，成为不纳税的暴发户。据估计，甲午战争前50多年买办收入总计为5亿两，竟然差不多相当于清政府10年的国库收入。这笔财富的使用，除穷奢极侈的生活消费挥霍大半外，也有一部分投资于近代产业。对于买办而言，附股于外商企业是一项低风险高回报的投资去向，约为1200万两。洋行的外国老板对买办开办自己的企业不加干涉，因此部分投资流向近代工业和航运业，约为500万两。其中约4/5投入官督商办企业，其余用于创设商办企业。由买办变为资本家的人数很多，其中徐润、唐廷枢、祝大椿、叶澄衷、郑观应、吴懋鼎、李文耀、盛宣怀等，都是拥有巨资的活跃人物。

洋务运动的兴起，造就了倾心于洋务的大小官僚。洋务官僚是通过升官发财的传统途径成为有产者的，官做得越大财富聚集得越多，然后就购置良田美宅，成为官僚兼地主。洋务派代表李鸿章的家财究竟多到什么地步？恐怕以1亿两白银来估计也不会过头。另外，清末花钱捐买官衔的制度，也使得不少商人和土财主们堂而皇之地平步官场，跻身于官僚之列。不论是职业的或是名义上的官僚，都有向近代工业投资的情况。他们更倾向于官督商办的名目，拥有这类企业中的商股。由于多重身份，官督商办在很大程度上就是自督自办，无不力争化官为私。或者在官僚经商的"下海"潮中更进一步，创设商办企业。这些人主要是洋务官僚中的一些中层人物，如朱其昂、聂缉椝、戴恒、龚寿图、李松云、杨宗濂、严信厚、朱鸿度等。

在最早开辟为通商口岸的城市，即广州、上海、宁波、福州和厦门，由于风气渐开、便利的条件和原有的基础，商人创办工业企业的也为数不少，包括由在国外经商转向回国投资的侨商。继昌隆的创办者陈启源就是一个著名的例子，其他如卫省轩、卢干臣、何昆山、黄佐卿、李培松、经元善等人，也是如此。

早期民族资本家的来路可谓多种多样，这也反映了早期民族工业资本来源和成分等情况。官督商办这一具有本时期特征的形式的存在，吸收了大量的私人资本，其性质就与附股于外企有所不同，应计入本国民间产业资本的范围，而且产生了向独立的民族资本的部分转化。早期的民族资本家，在投资过程即成为投资者和创办人时，很少有身份单纯的，纯粹的地主或手工作坊主。由他们转变为企业主的情况实属凤毛麟角。不论其原有的身份是官僚地主、买办商人还是华商侨商或者兼而有之，在成为资本家后，由于官商结合的便利优势，以及投资于新行业的试探心理，还是或继续当官，或在经营新式工业的同时兼营传统商业或握有土地，继续保留和争取多重身份。这是早期民族资本家的一个显著特点。这一队伍的不断发展壮大,表明封建王朝的基石正悄然剥蚀、大厦将倾。甲午战争之前,与民族工业的力量和地位相应,新生的资本家还没有能够形成为独立的民族资产阶级。

5 艰难时世与软弱的依附

早期民族工业诞生在中国逐步沦为半殖民地半封建社会的时代,不但它的起步显得举步维艰,它羸弱的生存还必须面对来自多方面的阻挠和破坏,处境十分艰难。

西方列强的入侵和太平天国、捻军、白莲教等大起义的爆发,极大地冲击了固有的封建统治秩序,清王朝统治集团内部也预感到有"山雨欲来风满楼"之势。但是,对于随后出现的以近代工业为代表的新生产方式,则采取了顽固抵拒和为我所用两种不同的态度,分成顽固派和洋务派两大政治派别。昏庸闭塞、顽冥不化的顽固派,反对任何细小的变革,对新鲜事物一概排斥。他们把机器和工业品视为伤风败俗的"奇技淫巧",更害怕新式工业聚众闹事,由惧怕而仇视。在"内忧外患"中崛起的洋务派,比较能正视现实。他们主张"师夷长技",引进外国先进技术和设备,兴办军事和民用工业。其目的也很明确,就是为了巩固和增强封建统治,不可能自觉地在中国发展资本主义。即使这样,洋务企业作为中国资本也受到外国资本的压迫,被迫在业务经营中对外国势力屈服,企业的技术管理大权受制于洋人。在资金周转上依赖于外国金融势力。

另一方面，以李鸿章为首的洋务派，又对兴办本国近代企业表现出强烈的垄断、控制等封建性的强权特征，压制民族工业的成长。比如李鸿章创办上海机器织布局，就向清廷奏请获准，10年之内不准华商另行设局；开办轮船招商局时同样不准华商独自设局"别树一帜"。他们一再拒绝民族资本设厂的请求，只许其以附股"搭办"的方式作为国家资本的附庸。即使在便于集资的官商合办、官督商办企业中，也是官揽全权、侵吞商利。这种封建独占性质的"专利"，不仅使民族资本的丝棉纺织业局促不展，而且难以涉足航运、铁路、电报、矿业等广阔领域。

更为严重的是，在自上而下的保守势力和汪洋大海般的封建经济的黑暗背景下，早期商办工业得不到任何法律的保障。甚至可以说一直处在非法状态。继昌隆缫丝厂的遭遇就是典型例子。1881年，正当以继昌隆为代表的广州地区中小型缫丝厂刚开始步入正轨时，首先遇到生计受到机器工业影响的手工丝织业者的群起反对，他们愤而捣毁裕厚昌等缫丝工厂，要求父母官主持公道。南海知县徐赓陛表示："沿海各省制办机器，均系由官设局，奏明办理，平民不得私擅购置"，并以此为由封闭了11家缫丝厂。继昌隆等厂为避摧残，被迫迁至澳门。3年后重新返回时，又不得不将大机换作小机，才得以继续经营。又如1882年广州商人何昆山创议开办自来水公司，遭到地方士绅以有伤风水为由的一再反对，只得半途而废。1893年，曾经中过武举的商人李福明，在北京开设机器磨坊，兼营制粉和来麦加工，很快就被官府冠以不安本分的"刁商"罪名，勒令撤厂并拘捕了业主。

各种苛捐杂税、勒索盘剥，是封建政府套在民族工业身上的沉重枷锁。始于1853年、开征于扬州的厘金，最为典型和苛酷。厘金原是为镇压太平天国的清军筹饷的一种关税之外的商品过境税。由于在解决财政困难上一时十分有效，很快成为一项全国性的税收制度。封建政治的腐败使它像癌细胞一样在社会经济的肌体上蔓延。厘金征收的规模，最盛时全国的厘金局超过600个，加上任意设置的局卡，征收点总数不下一万处，可谓"五里一卡，十里一局"；征收的名目多如牛毛，如大厘、小厘、半厘、埠厘、起厘、验厘、认捐、包捐、铺捐、铁路货捐、出山捐、山海捐、落地税、产销税等等；征收的对象，凡过境的本国货物，不论大小、多少都在应抽之列，后来甚至连鸡鸭布头、行李包裹也在劫难逃；征收的税率，由原定货值的一厘即1%，猛增到5%以上。再加上"逢关纳税，遇卡抽厘"的重复征收，往往货物无需远运就须交纳超出自身价值的厘捐。厘金恶税造成产销两地价格悬殊，使本国商品寸步难行。

厘金对于外国资本的意义却恰恰相反。洋人在中国享有种种的政治经济特权，中国海关、进出口税率乃至江海航运业，都在他们的把握之中。由于洋货销往内地和洋商贩运土货享有子口税的优待，所以他们在倾销商品和掠夺原料时，非但不必受厘金制度的苛扰，反而更加便利。甲午战前的近1000家洋行和100家外资工厂，甚至不惜降价销出商品、高价收购原料，从产销两方面置中国民族工业于死地。正是由于外国资本的这种侵略行径，民族资本在上海、厦门等地的火柴工业相继倒闭，上海一地的缫丝工业难以振作。转向外资势力稍弱的广东发展。

民族资本不像外国资本那样有强盗的特权，也没有国家资本的超经济强制，封建政府不为它提供任何的发展条件。因此，民族工业与外资企业和洋务企业之间的竞争，就毫无公正和平等可言，必然处于劣势。它面对封建势力的摧残、洋务官僚的压制以及外国侵略者的排挤和打击，从一开始就在夹缝中求生存。作为弱者，民族资本工业在一定程度上表现出软弱性和依附性。

从民族工业所产生的行业和所处的地点上看，民族资本的投资方向在于辅助和填补外资势力占领市场时的空缺，或者适应外资掠夺原料的需要，比如机船修造和丝、茶、棉花加工业；投资地点多在通商口岸，又特别集中在上海、广州两地，甚至把工厂设在租界里面，就是为了就近适应外国人的需求，易于获取外国的技术设备和原材料，并便于出口，还希望将自己置于洋人特权的保护之下。

从民族工业的生产和经营上看，首先必须依靠引进机器设备、聘用外籍技术管理人才，作为开业的先决条件，如机船业中的美式车床、缫丝业中的法意机器、火柴业中的日本技术等等。生产过程所需原材料，除使用本国土产而必受外商排挤外，还大量依赖进口。最为典型的例子，就是连火柴制造这样简单的近代工业，除机器、技师全部由日本引进外，甚至梗木、硫黄、箱材和包纸也无不仰赖外人。经营过程中所需的资金融通，也往往由于本国新式金融业的阙如，而必须求助于外国银行。1883年上海的金融风暴，就是由于外国银行为争夺生丝市场而使出收缩贷款的撒手锏，结果从大丝商胡雪岩宣告破产开始，旧式银钱业大抛企业股票回笼现金，不但大量小型工商矿业被迫倒闭，就连不少一向经营良好的大型洋务企业也突然陷入困境。金融市场之外，民族工业经营所依赖的商业市场，也在外国资本的竭力控制和操纵之中。

从民族资本家的来源上看，买办商人更倾向于将财富附股于洋商，官僚地主愿意在洋务企业中旱涝保收，华商侨商则呈请官督商办、官商合办。这是他们对当时各种经济力量比较后趋利避害的选择，或者更确切地说是遵从了利益最大化的原则。此后，他们才会考虑投资于单纯的商办企业。这是民族工业集资艰难的原因，也是民间产业资本远大于民族工业资本的原因。民族资本家多重身份的情况，从一个侧面表明民族工业与外国势力和封建势力，既存在深重的矛盾，也有着千丝万缕的联系。

二　初期的发展

1. 甲午战争与第一次高潮

1894～1895年中日甲午战争，以经济、军事等综合国力略强的中国政府甘认失败而告终。胜负一判，立即举国震动、群情激愤。不仅因为洋务派苦心经营的陆军不堪一击，北洋海军顷刻间全军覆灭，清朝政府惯于屈膝求和；还因为一向落后的东邻日本因实行明治维新而迅速崛起，居然追随欧美列强向我开战并能够一战全胜，中日两国强弱的差距即将拉开；更因为《马关条约》大量割地赔款，全面放开外国资本在华设厂的限制，外资涌进、洋货倾销日甚一日，铁路权和矿权纷纷丧失。所有的侵华列强也因"最惠国"待遇享有了更多的政治经济特权。这一系列的刺激，使国人意识到亡国灭种的严峻局势，设厂自救、抵制洋货、自保利权的呼声遍及全国。甲午战争后中国民族工业出现第一次发展高潮，首先就是人民群众爱国主义运动波澜起伏的结果。

洋务派"自强""求富"的目标随着黄海的炮火

而付之流水，以康有为为首的维新派登上了历史的舞台。维新派发动公车上书，批评洋务运动"变事而已，非变法也"，官办和官督商办形式压制民间办厂，只能助长洋货，使国运日蹙。他们要求将这一切"扫除更张，自立堂构"。就是要改变经济体制，让民族工业自由发展。1898年的百日维新中，光绪皇帝颁诏实行新政，其中经济方面的内容有：提倡实业，设立农工商总局和矿务铁路总局，各省设立商务局；兴办农会，组织商会，放开并鼓励商办矿务和铁路；以官爵或专利权，奖励实业方面的各种发明；创办国家银行，改革政府财政等等。虽然戊戌变法以六君子血洒菜市口、康梁流亡海外、光绪被禁而告终，但是维新派代表民族资产阶级提出发展民族资本主义的主张，已成为势在必行的时代强音。

1895～1900年间出现了民族资本设厂的第一次高潮。6年间本国资本增设的工矿企业为104家，投资2302.4万元，最多的一年超过570万元。其中以民族工矿业为主，达90家以上，投资额为1200万元，这一规模为甲午战前30年民族工矿业资本总额的近2倍。总体上看，官办、官督商办和官商合办的企业，主要集中在矿业部分，厂数少但资本规模较大。单纯的民族资本工业则集中在轻工行业，其中一半以上投入纺织工业，以纱厂和丝厂为主，其他分布于火柴、面粉和榨油等行业。机船修造业分出了以造小火轮为主的专业厂，在轧花、缫丝、纺织、针织、印刷及公用事业等机械的制造和修配方面，机器制造业也有所扩展。投资结构和行业结构，较甲午战争以前变化不大，但在地域分布上，除依然集中于沿海省份及沿江的湖北外，陕西、山西、江西、四川等内地数省也有一些商人加入了办厂热潮。

这一时期比较著名的办厂实例有：1895年浙江商人楼景晖在萧山开办合义和丝厂，侨商张振勋在烟台创办张裕酿酒厂，1897年长芦盐运使杨宗濂在无锡开办业勤纱厂，四品京堂庞元济开办杭州道益公纱厂，夏粹芳、鲍咸昌在上海创办商务印书馆，朱志尧在上海创办大德油厂，1898年祝大椿在上海开办源昌碾米厂，孙多森、孙多鑫兄弟在上海创办阜丰面粉公司，朱幼鸿在上海开办裕源纱厂，吴懋鼎创办天津硝皮厂等等。由此可见，投资办厂者的身份范围十分广泛。

张謇创办大生纱厂，是最为突出和具代表性的例子。这不仅是因为在本期一批新办纱厂中，唯有南通大生纱厂能够顺利经营和增资扩大生产规模，且在以后有很大的发展，而且因为张謇状元办厂、弃官经商，爆出了19世纪末年一大社会新闻，为时人瞩目并引后人回味。张謇1853年出生在江苏南通，当时称通州。他自幼勤学苦读，但多次应试均不顺利。1894年41岁的张謇再赴全国性的会试，考取了一甲第一名进士即状元，这是古来无数读书人光宗耀祖的梦想和步入仕途的捷径。但是，已被授职为翰林院修撰的张謇，并没有走绝大多数人想当然的老路。也许是多年仕途的坎坷和磨砺，使他成为人情练达、世事通晓的智者。甲午战后国破民穷日甚一日的状况，使他转而立志兴办实业，走实业救国的道路。1895年，因丁忧返乡的张謇获得代理两江总督张之洞的支持，开始筹办大生纱厂。虽然具备了位于棉花产区的便利条件，纱厂依然因原定60万两资本筹集困难而几经周折。当时的商股已经对官夺商权的筹集形式大为不满，后改为绅领商办。1899年春，大生纱厂以445100两资本和20400枚纱锭的较大规模建成投产。其中虽有通过两江总督刘坤一领得的官局纱机，折作25万两的官股，但只取息不问事。从此，在民族工业的中坚力量棉纺织业中，又增添了一支生力军。

日俄战争后的第二次高潮

1904～1905年，日本和俄国两个侵略中国的主要帝国主义国家，由于殖民权益的扩张发生严重冲突，在中国东北燃起战火。战争的需要使日俄两国明显减少了对中国的商品输出，而且必须从中国大量购进面粉和布匹等军需用品。英美等其他国家因势力范围的划分和各自利益的权衡，在战争中从资金和物资等方面支持日本，他们对中国的经济侵略和掠夺也暂时有所放松。这对于中国民族工业的发展，无疑是一次此消彼长的时机。

与此同时，还爆发了全国性的抵制外货运动和收回利权运动。1905年，适逢美中订立十年禁止华工赴美的条约期满，美国要求对这项含有歧视华工内容的条约续约，首先引起在美华侨的强烈反对，继而国内响应。各地纷纷成立拒约会、争约处、抵制美约社。7月，由上海商务总会发出抵货通电，号召相约两个月内不买、不卖、不装、不运、不用美货，掀起了规模浩大的抵制美货运动。1908年2月，日本货船二辰丸号在澳门附近偷运军械被清军查获，日本政府矢口抵赖并强迫清政府道歉并赔款21400日元。二辰丸事件使广州人民怒火万丈，立即开展抵制日货运动，随后上海、广西和香港、马尼拉、新加坡的华侨群起响应。此外，还有1908年青岛商民因反对德租界当局增收商业附加税，发动抵制德货运动；1909年因日本强迫中国承认其在日俄战争中私筑的安奉军用铁路，东北人民发起抵制日货运动。

矿权收回运动由山西省开始。自1905年始，山西留日学生、全省商界学界和一些士绅、京官，就为将英国福公司侵占的5处煤铁矿权收回自办而不懈地斗争。其间几经周折没有结果。1906年5月四省留日学生在横滨集会，公推代表回国。山西籍学生李培红愤而投海，以示誓死力争。1907年初，由山西票号商人号召各界集资成立保晋矿务公司，终以275万元将5处矿权从福公司手中收回自办。这次胜利为各省运动推波助澜，1908～1911年间，在各省留日学生发动倡议和绅商的奔走力争下，山东、奉天、安徽、四川、云南、湖北等省，通过赎买收回了一些矿权。路权收回运动从1903年收回粤汉铁路路权开始。1905年8月，政府废除外商筑路特权的合同，将粤汉路赎回。在其后的全国性运动中，云南商民要求收回滇越路权，吉林士绅要求收回吉长路权，但以津浦铁路、沪杭甬铁路、湖广铁路权益收回过程中，中外、官商、官民的斗争最为复杂和激烈。

由于抵货运动的广泛开展，美国商品进口总值，由1905年的7692万海关两降为1906年的4444万海关两，1907年再降为3690万海关两，两年间减少一半以上，其中以棉布、卷烟两项影响最大；日货进口总值，1908年比1907年降低约30%。其中棉纱由5700万海关两减为4500万海关两，同期进口英、德商品也有减少。虽然收回的矿权和路权只占帝国主义侵占总额的小部分，付出的赎权款额也往往过于高昂，但至少减缓了利权流失的势头。更为重要的是，抵制外货和收回利权是中国人民反帝反封建斗争中的爱国主义运动，工商学绅各界表现出了极大的爱国热情和一定的团结意识和组织性。不但抵制了外货，还进而提倡设厂仿制，推动了织布、面粉、卷烟等近代工业的发展；不但收回了部分路矿利权，还与自办路矿结合起来，迅速在全国掀起一场自筹资金筑路开矿的热潮。在《马关条约》和《辛丑条约》之后，这些运动起了抵制帝国主义日益疯狂的经济侵略和压迫的作用，有着发动人民全面发展本国资本主义的意义，成为各地普遍兴办各种近代工商实业的推动力量。

1905年后出现第二次设厂高潮。新设工矿企业1905年为60家，1906年68家，1907年58家，1908年52家，1909年36家，1910年32家，6年间总共306家。全部投资额达7525.5万元，平均每年约为

1250万元，最高的一年近2300万元。除去极少数主要在矿业里的官股成分，民族工业的设厂数为1895～1900年第一次高潮的3倍，投资额增加了5倍。其中有些行业形成了基础规模。可以说，从此开始了中国民族工业比较全面的初步发展。

1903年大生纱厂的纱机已增加到40800锭，并以盈余添购26000枚纱锭开设大生二厂，1907年正式投产。这是初步发展的一个实例。这一时期新设工厂的典型则是简照南、简玉阶二人所创办的南洋兄弟烟草公司。不仅因为南洋公司是本期新出现的卷烟行业中最大的一家，简氏兄弟20年后被称作"烟草大王"，而且因为与洋货和外企不屈不挠的斗争，始终伴随着它产生和成长。

国人由吸用水烟、旱烟而逐渐形成吸用纸烟的习惯，是在19世纪90年代美国人将纸烟贩至中国之后。1905年抵制美货运动提出了"不用美国货，不吸美国烟"的口号，民族资本的卷烟厂也随之纷纷创办，成为民族工业中新增的一个行业。当时设立的卷烟厂约有20家，资本130多万元。例如天津的北洋、北京的大象和上海的三星、德麟等厂。但是，国际烟草托拉斯英美烟草公司自在伦敦成立后，首先于1903年收买了美国烟草公司在上海的浦东工厂，后陆续在香港、汉口和沈阳等几个城市开设卷烟工厂，企图逐步达到全面垄断中国烟草市场的目的。新设的华商卷烟厂无力与之竞争，纷纷倒闭，例如上海1905年7家新厂到1908年只剩下德隆一家。1905年3月，在海外经商多年的广东南海人简照南、简玉阶两兄弟，集资10万元港币在香港创办了广东南洋烟草公司，该公司生产出"白鹤"、"飞马"、"双喜"等牌子的香烟，因富有民族特色而受到欢迎。所以它也成为英美烟草公司用诬陷和骚扰等不正当竞争手段打击的目标。1908年一些股东因资本亏蚀而丧失信心，公司被迫停业。但简氏兄弟不肯就此屈服，他们得到在越南经商的叔父简铭石的支援，借款将原公司全部机器设备承买下来，并于1909年在香港以港币9万元的资本重新开业。他们将公司改名为广东南洋兄弟烟草公司，号召"中国人请吸中国烟"，作为在中国和向东南亚各地宣传推销产品的有力创意。复业后的南洋兄弟烟草公司，不但因此站定了脚跟，而且在以后与英美烟草公司的不断斗争中，业务兴旺资本递增，成为近代中国烟草行业中最大的企业。

3 新行业的出现与发展

经过两次设厂办矿的高潮，民族资本的轻工企业有了显著的增加，出现了新的行业，在矿业、机船修造业等重工业领域和交通运输业中也崭露头角。同时，与民族工业发展密切相关的商业、金融业及劳动力和商品两个市场，也都发生了相应的变化。

首先，工矿业的状况最能体现初步发展的实际水平。从甲午战争到清王朝覆灭后的第一次世界大战前夕，即1895~1913年，开设资本在1万元以上的本国资本工矿企业，总数549家。资本总额为12028.8万元。其中官办企业48家，资本额1713.1万元，仅占总额的14.2%，而且主要集中在矿业。以民族资本为主的官督商办、官商合办企业38家。以上合计86家，资本2949.6万元。其余均为商办即单纯民族资本企业，共463家，资本9079.2万元，平均资本为19.6万元。与甲午战前的情况比较，新开商办厂矿资本额在本国资本厂矿资本总额中所占比重，由22%上升到75%。反映厂矿规模的平均资本，也扩大到甲午战前4.7万元的5倍。若就各种投资形式的民族资本而论，则在工业（制造、矿冶、水电）领域，已超过官僚资本，并接近外国资本的50%，始终保持了两位数的高增长率。

民族工业的具体发展，既反映在棉纺织、缫丝、面粉、火柴、机器制造、榨油、造纸、印刷等原有行业的增扩，也包含了卷烟、丝织、水泥、玻璃、酿酒、制瓷、制茶、制糖等新行业的兴起。其中棉纺织、缫丝、面粉和火柴4个行业走在最前面。

棉纺织业显示出它作为民族工业支柱的重要代表性。纺纱工业的突出发展，带动了从事专业织布的手工工场和机器工厂，针织业中的机器工厂和手工工场也随之建立起来。华商纱厂的设立最能反映1895～1913年19年间，高潮与低潮迭次出现的情形：1895～1899年为8家，1900～1905年为零，1906～1910年为11家，1911～1913年为零。总计纱厂在1894年前仅两家的基础上，增至21家。除有3家中外合资厂中两家改为外资、1家改为华资外，实增17家，即8.5倍；纱锭由1894年的170388枚增为1910年的509564枚，增加近2倍；布机由2100台增至2616台，增加24.6%。到1913年，19家商办纱厂共有创办资本近1000万元，纱锭超过50万枚。这些新设的厂家已不局限于上海一地，19家中上海只有7家（含3家中外合资），其他在无锡、苏州、杭州、萧山、常熟、太仓、宁波、江阴、南通和崇明都有分布。

甲午战后设厂自救的社会潮流和棉纺业的厚利，促使当时各类性质的机器纱厂迅速增至共约80万枚纱锭的规模，每年可产纱100万~200万担，而进口棉纱数量自1897年起即突破200万担。这样，每年就有300万~400万担以上的机制棉纱投入市场。但是新设纱厂中只有通久源和公益两家兼营织布，增设的布机仅516台，这样使得原有的土布手工工场（已开始改织套布和大尺布）继续维持，并在布匹市场中占有相当份额。此外，专业的机器棉织工厂和洋布手织工场也在20世纪初期应运而生。手工织布工场数量多分布广，200多家工场每家的资本一般在数千元至2万元之间，其中的织机在数十台至200台之间，总量估计为资本300万~400万元，织机1万台左右。已知的机械动力织布企业有12家，分布在广州、上海、杭州、丰润、辽阳等地，总计织机不超过300台，资本不足100万元。这一时期还出现了6~7家针织工厂和近50家手工针织工场，分布在沿海沿江及华北数省，资本共计60万~70万元，以生产袜子和毛巾为主，兼织汗衫。严格说来，这些规模尚小的织布和针织厂（场），还没有具备近代工业的全部条件。它们依托本国棉纺品和进口洋纱而存在，并在生产中消费其中的一小部分，是民族资本织布和针织工业的雏形。

机器缫丝业作为甲午战前最早和最大的民族工业行业，仍与棉纺业并驾齐驱。缫丝业的发展与生丝出口息息相关。从1894年起中外贸易中生丝出口值开始超过茶叶，虽然从1900年起我国生丝出口受到日本丝的严重打击而相对落后，但绝对值仍在逐年增加。1895～1913年开设丝厂141家，其中商办企业97家；开办资本1158万元，略多于纱厂投资。机器缫丝业的发展在一定程度上是机制白厂丝和黄厂丝替代土丝的过程，其发展是以手工缫丝业的衰落为前提的。此外，由于丝厂相对纱厂资本少、设备简单、经营积累少，因此缫丝业的实际资产已经落在了棉纺织业的后面。

机器缫丝厂主要还是集中在广东顺德和上海两地。1895～1913年上海丝厂由8家增为48家，丝车由2576部增至13392部。广东顺德丝厂由88家增至138家。上海和顺德还带动了周边地区的发展。以上海为中心，加上无锡、苏州、杭州、绍兴等地的江浙地区，缫丝厂达到62家，丝车为17120部；而以顺德为中心，加上包括南海、新会、三水等县在内的广东全省，缫丝厂达到200家以上，丝车65000部（当地称为釜）。两地的丝厂各有特点。上海丝厂的规模小、技术设备落后，手缫丝产量低。广东丝厂则规模大、技术设备先进，厂丝产量远高于上海并全供出口。生产方面上海厂大起大落，广东厂则稳步增长。获得蚕茧原料的难易、缫丝工人的稳定与否、外商势力的强弱以及资金周转的快慢，都是造成这些差异的原因。同样的原因，在甲午战争前曾使得缫丝业在广东的发生和发展先于上海。但是从这一时期的情况看，上海40家新厂投资610.4万元，平均资本为15万元，而广东52家新厂投资127万元，平均资本为2.4万元，约为上海的1/6。说明上海缫丝业的发展远快于广东，显示出后来居上的势头。

四川、山东、辽宁、湖北等省也出现了一些缫丝厂，并小有规模。此外，新出现的十几家手工丝织工场，成为近代丝织工业的雏形，还有新创办的毛、麻纺织厂各4家，由此包括了纺织门类的各行业。第一次世界大战前，估计全国共有机器缫丝厂近300家，丝车9万多部。另外还有足踏缫丝厂50多家，丝车1万多部。拥有缫丝工人14万人左右。缫丝业不但成为中国资本主义的大行业，也在民族工业体系中占有举足轻重的地位。

面粉的大量进口使食用洋面的习惯由外侨推广到城市华人，面粉工业由甲午战争前的3家机器磨坊开始，获得了较快的发展。1900年八国联军入侵和1904年日俄战争对军粮的需求，也起了刺激的作用。1895～1913年全国新开商办面粉厂53家，投资额达862万元，日产面粉能力接近5万袋。1910年之后陆续有了面粉出口超过进口的记录。1900年孙多森、孙多鑫兄弟在上海创办阜丰面粉公司，成为民族资本第一家严格意义上的机器面粉厂,面粉工厂的大量创办实始于此时。其他比较有名的是1902年中国"面粉大王"荣宗敬、荣德生兄弟创办的无锡保兴面粉厂(后改名为茂新)、张謇在南通开办大兴面粉厂(后改名为复新)、祝大椿创办上海华兴面粉公司等。面粉市场的扩大和小麦价格稳中有降,使面粉厂因有利可图而不断添置钢磨开办新厂,每昼夜生产能力大多达到千袋以上。很快形成南北两个面粉业中心。一是以上海为中心的江浙面粉产区,上海有厂10家,江浙有厂14家,接近全国面粉业的一半;一是以哈尔滨为中心的东北面粉产区。哈尔滨有厂11家。此外,日俄战争期间汉口设厂4家,也成为面粉的主产地之一。

火柴业的设厂高潮集中在1905年抵货、收回利权运动之后,至1913年全国开设火柴厂52家,与此前6家共计为58家。广泛分布在广东、云南等15个省,基本上都是民族资本工厂。由于沿海商埠受到进口日本火柴的压迫,反而使资金和技术设备要求较为简单的火柴业,在内地广为发展。为保证对市场的最大占有,一些厂在当地获得了制造专利。例如,燮昌在汉口享有15年的制造专利权,振业在济南周边200里内享有15年制造专利权,丹凤则在北京及宛平、大兴两县享有10年专利权。这一时期的火柴业还表现出联营倾向,如1908年广东13家火柴厂组成"启源堂",四川9家火柴厂组成"华洋统销公司"。

张振勋的张裕酿酒公司(1895),简氏兄弟的南洋兄弟烟草公司(1905),周学熙在收回英商强占的唐山细棉土厂基础上创办的启新洋灰公司（1906）、武昌耀华玻璃厂（1904），庞元济的上海龙章造纸公司（1904），夏瑞芳等的商务印书馆（1897），周学熙的京师自来水公司（1908），以及江西萍乡、湖南醴陵、福建厦门采用机器制瓷的瓷业公司（1905），汉口兴商、福州致合制茶厂（1905），福建华祥糖厂和广福种植公司（1910），是这一时期酿酒、卷烟、水泥、玻璃、制瓷、制茶、制糖等新兴行业的代表，或从一个侧面反映出印刷、造纸、水电等行业的新发展。

甲午战争以前，民族商业已经由于中外贸易的大增和买办商人的产生而出现新的内容。一些由买办商人开办的从事内外贸易的商行，作为民族资本的商业企业，在经营方式、业务范围和利润性质等方面，已经与传统商业有很大的不同。到辛亥革命前，国内各大城市更出现了新的商业企业。首先是一批以经营进出口商品为主的民族资本新式商行，在沿海、沿江的一些商埠很快发展起来。典型的例子是上海形成了以外国洋行为中心的21个批发行业，经销呢绒、煤油等洋货。又如号称"九省通衢，水旱码头"的汉口，经营猪鬃、牛皮等出口工业原料的商号已各发展到60家左右，成为位居前列的大行当。1903～1912年10年间，经注册成立的民族商业股份公司达131家，开办资本1343万元。与此同时，不少传统商号也开始向民族资本主义企业转化，如北京的同仁堂药店及瑞蚨祥、协大祥等绸布店。此外，商品种类和数量的增多也扩大了传统商业的流通渠道。新旧商业并存和交叉的结果，是形成了以上海为中心，各大城市为枢纽，从沿海沿江到内地，从城市到乡村的庞大的商业网络。

钱庄、票号作为传统的民营银钱业，随着资本主义的发展发生变化，走上了不同的道路。钱庄的主要业务是兑换银钱，兼营存放和汇兑，具有规模小无分号的特点。外国银行正是看中它灵活、普遍的优点，开始接受钱庄发行的庄票，建立起拆借款关系。钱庄也因此而兴旺并活跃起来，在货币兑换和银钱拆借等业务上据有一席之地，与外国银行、本国银行三分天下，并对民族工商业的发展起到积极的促进作用。

票号因其多为山西商人开办而常称山西票号，主要业务是经营异地汇兑，所设分号遍布全国各地。进入近代，由于承接清政府饷需、赋税、丁银及各级政府公款的汇兑，并存放大小官吏的宦囊，与官府关系密切，票号一度极盛，几乎等于清政府的国库，在山西各帮之外还增加了各路南帮。但是，票号拒绝清政府筹组银行的邀请，又压制内部改组银行的吁请，从而失去了更新的机会。随着本国银行业的兴起和各省官银钱号改组为地方银行，以及清王朝的覆灭，票号很快从金融行业中销声匿迹。

1897年5月，中国第一家近代银行——中国通商银行成立。该行原定商办，实为商股和户部垫款合办。其后在清政府1904年户部银行（后改大清银行、中国银行）、1907年交通银行中都有商股参加。继1906年周廷弼创办第一家私营银行——上海信成银行，1907年浙江兴业银行、四明商业储蓄银行两家较大规模的私营银行设立。辛亥革命前中国银行大致为24家,国家资本和民族资本各12家。民族资本银行总资本约750万元,与前者近3200万元相比尚属弱小。正如民族工业并非脱胎于手工工场,民族资本银行业的产生,也与旧有的钱庄、票号基本没有相互演变的关系。

机器化大生产的高效率和低成本,使得机制商品在生产和生活中大面积地替代了手制土货的位置。这其中首先和主要的是物美价廉的进口商品的倾销。洋纱冲击了土纱,肥皂代替了皂荚,火柴代替了火镰,煤油和电灯代替了植物油和蜡烛。以洋纱洋布为例,1888年进口洋布的数量相当于2.2亿个劳动日的手织机产量,1890年进口洋纱的数量相当于5.7亿个劳动日的手纱车产量。其直接的结果是越来越多的农民和手工业者失业和破产,大量涌入城市,成为等待出卖劳动力的产业后备军。外国资本倾销商品和掠夺原料的另一个结果,是破坏了中国自然经济,将从沿海到内地的广大地区,纳入世界资本主义的市场体系中,从而使商品流通的种类和数量大幅度增加。这一点,可与国内商业的更新和发展互以为证。

劳动力和商品两个市场的日益宽阔,为民族资本主义的发展准备了必要的条件。但在同一过程中,也不能忽略中国资本主义所起的作用。民族工商业也要使自然经济解体,为自己的发展开辟通路。在这种形势下,1895~1913年间设立的549家总投资额为1.2亿元的工矿企业中,民族资本占到了501家和1亿元以上(有的研究者认为高达706家),占本国资本主义企业资本总额的50%以上，其中工业企业452家9178万元。1万元以上的企业总数和投资总额，分别等于甲午战前的10倍和20倍。推算1894～1913年民族资本工矿业的发展速度，资本额的年增长率，工业达15.3%，矿业为7.9%，总计工矿业为13.6%。其中几个主要工业行业，棉纺织业15.8%，缫丝业6.3%，面粉业25.8%，火柴业10.1%，水电业30%。其中面粉业日生产能力和水电业发电容量的年增长率，分别高达28.2%和50.7%。由于基数较小的缘故，这一时期的发展速度甚至高于中国资本主义的"黄金时代"。至于它所带动的手工行业向资本主义工场手工业过渡的浪潮，商业和新旧金融业中民族资本引发的更新和发展，则是这一时期民族工业全面地初步发展的最好注脚。

资本积累与阶级形成

民族资本创办的大量新厂，并非都能生存或顺利发展，中途夭折是常有的事。多家并起的同行间的竞争，特别是外资洋货的打击，往往导致新厂荣衰的多米诺骨牌效应。以棉纺业和卷烟业为例。棉纱生产的厚利使这一时期涌现19家新纱厂，但一遇到市场上的风吹草动，就几乎无不减资、减产或出租、出卖。新旧各厂的改组、出租和出卖达27次之多；上海华商卷烟企业1905年由1家猛增到8家，但到1908年几乎全部停业，只剩下仅拥有一台卷烟机、不雇工人的德隆烟厂一家。但是，也有在狂风巨浪中挺立不倒或东山再起的厂家。比如棉纺业的大生、卷烟业的南洋、面粉业的茂新和酿酒业的张裕。这些厂家通过有效的经营不但站稳了脚跟，而且生产规模一再扩大，成为这一时期扩大资本积累的强者。

荣宗敬1902年创办的无锡保兴面粉厂是茂新的前身，初设时还只是一家机器磨坊，仅有5万元资本和4台石磨，生产能力仅及阜丰的10%。后逐渐改进，1905年以6万两的资本获利6.6万两，赢利率高达110%。到1911年，自有资本增至10万元，生产能力扩大10倍，达到日产面粉2500包。1912年，荣氏兄弟在上海创办福新面粉公司，后来与茂新组成中国最大的面粉企业集团，拥有12个厂家，日产面粉9.6万包，占到全国（东北除外）机制面粉产量的1/3。荣氏兄弟因此而获得了"面粉大王"的美称。

张謇创办的大生厂，1899至1913年间除第一年赢利率为8.7%，其余各年都在10%以上，最高的1905年为50.75%，年均赢利率为25.66%。1907年创办大生二厂，到1913年年均赢利率为17.45%。到1911年为止，两厂已累计获利370万两。以此为基础，自身积累首先用于在通海地区投资与大生纱厂配套的行业。1901年张謇创办通海垦牧公司，为大生提供有保障的廉价原料；1902年开办南通广生油厂和大兴面粉厂，以充分利用纱厂棉籽和机器动力；1903年开办南通大隆油皂公司，对油厂下脚料进行再加工；1904年开办南通大达轮船公司，便利了产品和原料的运输；1905

年开办南通资生冶铁厂，目的在于解决上述各厂机器设备的修配问题。1899～1911年，大生已由官商合股的一家纱厂，发展成为拥有工、农、垦牧、玻璃、航运、机修等27家企业的民族资本企业集团。大生集团近千万元的投资规模，已超过了1894年以前全国民族资本企业的投资总额。张謇因此被誉为"东南实业领袖"。

从戊戌维新运动起，经过抵制外货运动和收回利权运动，中国民族资本家的代表开始登上政治舞台，标志民族资产阶级的形成，并在社会运动中发挥重要的作用。这首先是由其经济地位的变化决定的。两次办厂高潮中产生了众多的民族资本家，其中最引人注目的是一批大资本家的出现。据统计，张謇、祝大椿、朱志尧、沈云沛、严信厚、宋炜臣、李厚佑、许鼎霖、周廷弼、楼景晖、曾铸、朱畴、张振勋、庞元济等14人拥有各个行业的136家企业，每个人的资产都达到百万元以上。他们是民族资本占有中国资本主义半壁江山的主要力量。由于在创办实业中的显著事迹，他们不仅公开以拥有巨资的大资本家身份出头露面，除买办出身的朱志尧一人外，全部拥有清政府委任或奖赏的官衔和顶戴，政治地位大为提高。他们成为民族资产阶级的上层，仍然不能摆脱依附官府和官商结合的特征。相比之下，民族资产阶级中下层的人数和社会基础较为广泛，却是缺乏势力的一部分。

民族资产阶级还结成了自己的社会团体——商会。在20世纪初商会产生以前，工商业者的组织是行会。行会的名目繁多，如公所、会馆、公会、公墅等等。其组成方式为同乡性、同业性或同乡同业兼备。一般来说，公所是同业组织，会馆是同乡组织。行会的设立既为工商业者提供外出居住、储货、买卖和聚乐的方便，更主要的是联结同乡同业增强对外自卫能力，同时对内统一业规避免同业竞争，起保护和垄断的作用。据统计，上海、苏州、汉口、北京等商埠的行会，鸦片战争前有98处，至辛亥革命前增设207处。外国资本的入侵和中国经济结构的变化，不仅使旧有行会有所发展，而且产生了大量从事进出口贸易的新行会。行会日益专业化的同时，行会的重要人物出现资产阶级化的现象，行会功能也由垄断、封闭趋于开放和开拓。这就为行会走向商会创造了条件。

　　商会的设立首先是形势需要和借鉴外国经验的结果。甲午战后，民族工商业者所受外国资本的欺凌和各种封建势力的压榨愈益严重，由此引发的中外商务交涉和官商争讼也越来越频繁。即使出现了一些新变化的行会，也已不能适应对外"商战"和对内"振商"的需要。不但民族工商业者，还包括一部分开明官员和绅商，都强烈意识到必须仿效洋商商会，建立统一领导和代表工商各业的全国性商会组织。1902年，盛宣怀代表清政府与英美等国在上海进行修订商约的谈判，倍感洋商商会的优势和本国无商会的不便，于是饬令上海各业商董成立上海商业会议公所，这是中国第一个商会组织。1904年，商业会议公所改组为上海商务总会。中国商会的组织模式和章程，都是全面仿照西方商会特别是日本商会而成的。

商会的组建和推广得到清政府的宽允和劝导。1903年，清政府批准成立商部，商部将"劝办商会"作为头等要务，制定并发布了《奏定商会简明章程》，要求依照上海商业会议公所的模式，在全国各大商业城市设立商务总会，中等城市设立分会，各省、市、县的部分乡镇设立商务公所和商务集议所。到1912年，商会组织已遍及除蒙、藏地区外的全国各省区和海外华侨聚集之地，商务总会发展到57处，分会增加到871处，拥有会董2万多人，会员20多万人。商会还组建了商团，以维持治安和消防为职责，实际上是民族资产阶级掌握的一种半武装组织。商会的成员除少数大型工商企业外，绝大多数来自原有的行会，行会在商会中起着基层组织的作用。

商会囊括了从事所有行业经营的民族资本家（习惯上统称为商人），它的出现表明民族资产阶级成为历史舞台上的一支独立力量。这一新兴的阶级不但通过商会加强民族工商业内部的联系，抵抗外来的帝国主义侵略，保护自身的权利，从而有利于民族经济的发展，商会还成为它力争实现本阶级主张和要求的合法场所，从而在清末立宪运动和辛亥革命武装起义等社会政治事件中发挥重要的作用。

3 三分天下的发展态势

甲午战争后签订的中日《马关条约》，正式确定了帝国主义在华开设工厂的权利。帝国主义对华经济侵略由鸦片贸易、商品倾销等手段，转向以资本输出为时代特征。1895～1913年，英日德俄等帝国主义国家在华开办的重要厂矿共计136家，资本总额达1亿元以上，分为矿冶、造船、水电、纺织、食品和其他等6类。这些厂矿的规模一般在资本10万元以上。其中45家在50万元以上，100万元以上的有22家。以此推算外国资本的年增长率高达35.2%。外国资本对华输出的急剧增加，大有全国垄断中国近代产业的势头。正是这种危急的形势，一再激起了民族工矿业的设厂高潮。

136家外资厂矿中，矿业部分资本额近5000万元，几乎占了资本总额的一半（48.5%）。这样的行业分布，既是帝国主义大肆攫取开矿利权的结果，也与民族工矿业的发展状况密切相关。这一时期单纯民族资本矿业的发展十分微弱，而民族资本则通过顽强的抗争，在工业领域呈现与外国资本、国家资本三分天下的发展态势。

1895～1913年的19年间，三种资本形态新设工矿企业的投资总额在2.2亿元以上。其中外国资本1.03亿元，占总额的46.2%，国家资本略少于0.3亿元，占13.2%，而民族资本为0.9亿元，占40.6%。该统计的范围，为资本在10万元以上的外资厂矿和资本在1万元以上的本国厂矿。实际19年间开设的民族资本大小厂矿应在700家左右，投资额超过1亿元。所以民族资本所占比重还会稍大一些，与外国资本非常接近。这一时期都有所增长的三种资本中，民族资本居于远远超过国家资本，而与外国资本并驾齐驱的位置。新投资中，民族资本在本国资本中所占比重由1894年的22%增加到75%以上。

1913年，中国土地上所有近代产业的资本总量，估计为14.7亿元，其中本国资本为2.5亿元。外国资本所占比重由1894年的60%上升到83%，而本国资本中的1.62亿元民族资本的总额，已等于国家资本的2倍。所以若论发展速度，民族资本居于两者之间。如果考虑到部门和行业分布，那么外国资本投资于近代产业，主要是在交通运输业，其次为矿业，19年间的工业（制造业）投资仅为0.5亿元强，只是民族资本工业投资的50%左右，这是因为民族资本投资的轻重点分布恰好与外资相反。1895~1913年民族资本在重点行业纺织工业中的投资为棉纺2712万元，缫丝1158万元，大大超过外资纺织业投资的1251万元。华资厂纱锭、布机的数量也多于外资厂。所以虽然外资在资本总量上居绝对优势地位，但在工业领域的投资和发展上，民族资本是毫不让步的。

含有民族资本的全部工矿企业中，官督商办、官商合办的合股形式只占很小的部分，而且主要集中在矿业。所以，民族资本在工矿业中相当可观的投资状况，基本上可以视作单纯的民族工业的发展态势。

三分天下的发展态势下，出现了一些三种资本形态交叉的现象。

首先是矿业中的"中外合办"。1877年清政府在河北开滦设开平矿务局，招募商股后发展很快，利润丰厚。1900年八国联军占领天津，英军逮捕了开平总办张翼，迫使他签约将开平矿卖给英商墨林。墨林组织了名义上中英合办的开平煤矿公司，发行100万镑股票，其中37.5万镑股票付给开平的老股东。但是，其余归英方所有的62.5万镑股票，英方只缴足5万镑股金，其他都是虚股。1907年，失去开平的清政府又招股200万两设滦州公司，很快增资为300万两，但是备受开平英商跌价竞销手段的打击。1911年，滦州公司与开平矿务局订立"联合合同"，资本各算作100万镑。从此滦州煤矿也落入英国人之手。英商组织的开滦矿务局，成为外资在煤矿业中最大的垄断企业。开滦煤矿"中外合办"的例子，很快成为外国资本侵夺中国官民资本和掠取中国矿业的样板。

其次是官办工业的"招商承办"。洋务派经办的民用工业，由于财政乏力、官办腐败和官商矛盾，甲午战后出现招商承办、改归民营的趋势。这也是由于民族资本相当的积累和经营能力的增强。商人租办湖北的纱、布、丝、麻四局后，迅速扭亏为盈，后来发展成为著名的裕大华纺织集团。又如上海华盛纺织总厂，经过"招商顶替"成为盛宣怀的私产，从而变成完全商办的企业。但是对于较大的企业，虽然采用了招商承办，实际上官方并不放松控制。比如1896年，张之洞不得已将汉阳铁厂和大冶铁矿交给盛宣怀招商承办。盛宣怀开发萍乡煤矿使生产大有发展，1908年组成了著名的汉冶萍煤铁厂矿有限公司。但是只招了半数的商股，官股全没偿还，反要靠借外国资本的洋债维持。名为完全民办，其实政府仍然不断干预。直到辛亥革命之后，还在中外合办、收归国营、官商合办上面不停地争论。轮船招商局和天津电报局等以商股为主的大企业，竟发生忽然被收归国有的恶例。甲午战争后，"官为提倡"但并无投资的"官商合办"民用工业达到60余家。所以，"招商承办"的后面，大多是官权对重大企业的把持和国家资本对民族资本权益的剥夺，同时外国资本也得以乘乱而入。

在棉纺业中还有"中外合资"的例子。上海的振华（1907）、九成（1907）和公益（1910）三家华商纱厂，创办时是中外合资。其中振华厂和公益厂是中英合资，九成厂是中日合资。外资在棉纺织业中拥有规模最大的独资企业，在民族资本奋起的情况下，外资企图以合资的方式占据更多的领地。但是这种合资的状态并没能维持多久，振华厂很快全归华资，九成厂改为日资，公益厂归为英资。不仅如此，增设纱厂中的上海裕晋和大纯两家，开办不久就被日资兼并。民族资本与外国资本条件不平等、地位不同的合资合作，无异于与虎谋皮，势必你死我活。

甲午战后，帝国主义以建立大型垄断集团的形式，很快在近代产业的主要部门形成了垄断势力；国家资本也依然把持着一些重要的部门。这一时期民族工业初步的发展，是在这种压迫和排挤下不得已的选择。当然，民族工业在夹缝中求生存，还是要与无孔不入的外资势力抗争，比如卷烟业中就必须打破英美烟草

二　初期的发展

公司的垄断,并不能因外资投资的轻重之分而稍微大意和松懈。民族工业以其突出的发展,争得脚踏一方土、头顶一片天的地位。但是由于外资的强大和清政府官办工业已呈颓势,三分天下的发展态势还未达成三方鼎立的格局。

6 清政府的宽允与退缩

民族工业全面的初步发展,与清政府转而宽允和提倡新式工商业的政策,有一定的关系。

1898年戊戌变法运动中的百日维新虽然因宫廷政变而失败,但它广泛的社会基础和社会影响已经无法抹杀。日益严峻的利权外溢和财政匮乏,使清朝统治集团不得不正视穷则变、变则通、通则久的法则。1898年,政府颁布了《奖励新学新法章程》、《振兴工艺给奖章程》,对发明兵器制造新法、日用新器和仿造尚未传入的西器制法,以及兴办学堂、建枪炮厂者,由政府奖给官衔,予以专利。1899年,在上海设商务总局,以便联络工商、讲求制造。这是清政府维持统治的第一批新政,有助于改变抑商的风气,但还显得缩手缩脚。首先是获奖资格的标准太高,其次偏重军工,奖励民间开设枪炮厂,也是不切实际的空谈。

1903年9月商部成立,作为"振兴商务奖励实业"的专门机构,曾派往各国考察工商业的载振被任为尚书。1902年,盛宣怀、张之洞奏请设立上海商务会议公所。1903年谕令切实保护回国兴办实业的侨商。

商部陆续制定和颁布了《商会简明简程》、《奖励公司章程》(1903)、《商律》、《公司注册试办章程》、《商标注册暂拟章程》和《奖励华商章程》(1904)。1905年，商部设劝工陈列所、高等实业学堂。1906年，商部改组为农工商部，颁布《奖给商勋章程》。1907年，农工商部颁布《实业爵赏章程》、《商业奖牌章程》、《大清矿务章程》。1909年，由湖广总督张之洞发起，在武昌举办劝工奖进会。1910年，在南京举办了规模宏大的南洋劝业会。同时，各地官府也有变动机构、开设工艺局和商品陈列所等举措。

振兴商务、奖励实业是清末新政的主题之一。从第二批商务新政来看，对组织公司和发明制造的奖励——赏爵位、加顶戴、授商勋的标准依然太高，后来一再降低标准，对不足标准者也许诺发给奖牌、商牌。这种奖励措施基本上只有大资本家才能享受，比如张謇为商部头等顾问官，张振勋为考察商务大臣，庞元济赏一品封典，祝大椿赏二品顶戴。清政府正是以虚衔拉拢著名的资产阶级上层人物，使他们奔走活动之时没有异心和异动。对于广大工商业者的奖赏和激励，作用及实益不大。但是也应看到，从商部设立到改为农工商部，从商务到实业再到农工商矿的名称变化，由对工商业者笼统地一概称为商人的轻视和抑制倾向，到表现出重视和振兴的态度，说明了观念和风气的转变，有利于改善民族工业的社会环境。

以《商律》颁定为代表的商会、公司注册、商标注册、矿务、银行、商办铁路等一些法规、则例的颁布,相比之下实际意义较大。虽然只是"试办"、"暂拟",毕竟民族资本主义者由得不到官方承认而走向合法化,也为从法律上规范和保护工商企业的经办和其他经济活动开了个头。民族工商业者还得以合法地组织自己的社会团体,所有的章程中以商会一项推行最广。

20世纪初期是中国社会剧变的时期,民族民主运动成为声势浩大的时代潮流,顺之者昌、逆之者亡。清王朝虽然改行新政,陆续实行戊戌维新时的一些变法措施,甚至提出预备立宪,但是它已经大大落后于时代,资产阶级民主革命正掀起彻底推翻其统治的武装斗争。以叶赫那拉氏为首的统治集团所实行的宽允民族资本主义的政策,只是出于维持统治的需要,对经济力量日益强大、政治要求日益迫切的资产阶级所作的一点让步。比起它作为"洋人朝廷"对帝国主义屈膝投降的种种卖国行径,可谓为善不足而作恶有余。实际上,封建王朝的腐朽躯壳对于资本主义的容纳力是极其有限的。当民族工商业者要求集股承办官营不力的民用工业,大量募股着手将矿权、路权收回改归民办的时候,清政府的经济政策出现了全面的退缩。政府依然把持着工业领域的重要部门和以商股为主的重大企业,继而悍然宣布"干路国有",将津浦、沪杭甬、湖广等主要铁路收归国有,通过借外债合同将路权出卖给帝国主义列强。绅商创办的15个省的18家铁路公司也都在改归国有之列。由此引发的各省人民的保路运动,成为辛亥革命的直接导火线。

7 如影随形的沉寂与困境

甲午战争、日俄战争后的两次民族资本投资高潮之后，紧随着低潮和沉寂。1901年，全国新设的工矿企业剧减为6家。1905年后不少新办企业又很快因亏损而倒闭或改组，陷入无法摆脱的困境。

棉纺织业的情况最为典型。1900~1905年期间新设纱厂数为零，1909年和1910年只各设一家纱厂，1911~1915年又没有华商纱厂开设。全期新建19家纱厂，共发生改组、出租和出卖27次。只有大生纱厂一家能够例外。上海一地的近40家丝厂，因丝茧原料的丰歉不定而大起大落。集中在上海的8家华商卷烟厂，到1908年几乎全部停业，只剩下一家德隆小厂。简氏兄弟的南洋烟草公司也因资本亏蚀殆尽，曾经被迫变卖机器设备。

造成民族资本沉寂与困境的，首先是《马关条约》和《辛丑条约》后帝国主义的商品倾销和资本输出。全期外资在产业领域的投资猛增了1亿多元，广泛分布在民族资本投资的各个行业，凭借其雄厚的资金规模形成垄断势力。例如，8家外资纱厂即拥有30万枚纱锭，相当于华商纱厂纺锭总数的60%以上，而英美烟草公司的550万元资本，则相当于本国烟厂资本总额的3倍多。1894年外货进口净值比1864年增长了近4倍。1895~1898年中外贸易中国入超1.3倍，总计近1.9亿海关两，其中工业制品和生产资料占80%左右。以洋纱进口为例，1895~1897年年均144万关担，1901~1903年则猛增到年均248万关担。如此潮水般涌入的外资和洋货，对民族工业的严重打击和排挤，是可能想见的。

束缚和障碍还来自封建政府和国家资本。封建政府对外出卖设厂权，实行协定关税，对内征敛苛重的税捐厘金，非但不能给民族资本以有效的激励和保护，反而助纣为虐，无异于给民族工业加上了双重枷锁。国家资本的运行虽然日见腐败衰落，却仍然不能摆脱维护封建统治的本性和功用，依然在剥夺商股代表的权益，阻碍民族资本进军更为广阔的产业部门和行业。

民族工业的困境不仅在原料、市场和投资领域方面，民族企业创办时的筹资艰难和经营中的资力薄弱，也困扰了它的发展。巨额的庚子赔款和长期的外贸入超，使国内金融市场银根紧缺状况严重。当时手中积累着一些货币资本的官僚、地主和商人，之所以投资近代工业，是因为经营产业有厚利可图。一旦工业利润不能超过，甚至不能达到地租或高利贷商业的收益水平，则社会上筹资办厂必然困难重重。事实上，"商大于工"、"工不如商"作为困扰民族工业发展的，半殖民地半封建社会经济特征之一，当时已经相当明显。全国范围内各行业之间不能形成平均利润水平，产业利润率往往低于高利贷利率，工业利润率又低于商业的利润率。

在这种情况下，出现了保证工业投资者获利的"官利"制度。官利就是由政府硬性规定的，企业不论经营好坏都必须优先付出的股息。官利制度多在这一时期的棉纺织业实行,利率一般在8%以上。它固然能在一定阶段内保证投资者获取高于或等于其他投资的收益,但是从根本上说,高额官利很容易变成企业,特别是新办企业的包袱,妨害企业的正常运行和规模扩充,造成企业资金的低积累或无积累,甚至被迫改组或破产。这样的结果即使不算杀鸡取卵,至少也是揠苗助长。外国资本也往往乘机通过企业贷款或合资手段,来达到兼并华商企业的目的。

国弱民穷、银根紧缺的另一个结果,是很容易发生金融恐慌。继1883年上海金融风暴后,1908年各地开始接连发生金融风潮。1908年,天津、上海和汉口的商行或钱庄,因欠洋行贷款宣告破产,导致3起金融恐慌,波及北方各省和沿江各省;1909年的3起恐慌,也由上海牵连镇江、汉口各埠;1910年因镇江、重庆、汉口、杭州、营口、扬州、上海等地的钱庄、票号纷纷破产,发生金融恐慌8起,影响所及遍于全国;1911年上半年又发生5起全国性的金融恐慌。这些金融风潮的发生,与外国资本垄断和操纵中国金融市场有密切的关系。它的直接后果,是使许多已有的工商企业因资金无法周转而岌岌可危,使创办新厂的投资活动跌入低谷。

三　黄金时代

1. 民国建立与实业热潮

从武昌起义开始的辛亥革命,结束了持续数千年的封建君主专制统治,是中国资产阶级创立的丰功伟绩。中华民国的建立,掀开了中国近代历史的新篇章。中华民国《临时约法》规定国家主权属于全体国民,人民一律平等,享有人身、言论及保有财产和营业等权利和自由。它为国民从事社会政治活动和资本主义经济活动提供了根本的法律保障,极大地激发了国民的爱国心和民族自豪感。不但以孙中山为首的资产阶级革命派执掌的南京临时政府表现出大力发展民族资本主义的政策倾向,而且"群知非实业不足以立国,于是有志于实业者项背相望",很快在全国范围内掀起了一场实业救国与建国的热潮。

"中华民国工业建设会"成立于1912年初,它的《旨趣书》中有一段话最能反映国民对发展得失的认识及对新社会无尽的希望:"往者,忧世之士亦尝鼓吹工业主义,以挽救时艰,而无效也,则以专制之政毒未除,障害我工业之发达,为绝对的关系,明达者当自知之。今兹共和政体成立,喁喁望治之民,可共此运会,建设我新社会,以竞胜争存。"他们甚至大声宣布"所谓产业革命,今也其时矣!"

实业热潮有三项内容,首先是演讲、撰文和办刊的宣传活动,其次是组织各种实业团体,同时创办各种实业。

资产阶级各政治派别在振兴实业这一点上能够达成共识。所以,不论是革命派领袖孙中山,或是从日本归来的改良派巨头梁启超,还是前立宪派的张謇,都在各地演讲会上频频露面,强调发展实业的重要性。1912~1915年,新创办的《中华实业界》等实业报刊达到50多种,广泛分布在18个省区。原有的《东方杂志》、《大公报》等主要报刊也新增了大量实业文论和报道的栏目内容,广泛宣传实业救国与建国思想。

民国初年实业团体如雨后春笋般涌现。据不完全统计,仅民国元年(1912)成立的实业团体就达到40多个。其中影响大或时间长的有:中华民国工业建设会、拓殖协会、中国实业会、中华实业团、中国实业共济会、民生团、华侨同仁民生实业会、西北实业会、安徽实业会、黑龙江省实业总会、苏州实业协会、镇江实业会等。有全国性总分会制的,有各区域、省、市的地方性组织;有实业总汇,有以行业另组的。遍及全国22个省区。最能反映实业社团宽阔的地域性和广泛的群众性的,要算是海外华侨的实业联合组织,以及上海神州女界共和协济社、中华民生实进会等由女子发起组织的团体。这些团体招集同志,常年不懈,为实业热潮推波助澜。

实业热潮除广泛宣传实业救国思想、极力提倡实业教育、兴办工商实业学校外,最终的目的还在于兴办民族资本的工商企业。孙中山辞去临时大总统职务后,依然与黄兴、宋教仁等革命党人一起积极从事实业活动。他本人仅在民国元年就身兼全国铁路督办、中华民国铁道协会会长、上海中华实业联合会会长、中华实业银行名誉总董、永年保险公司董事长等许多职事,他们还先后筹办了国民银行、中华汽船公司、湖南五金矿业股份公司、富国矿业股份公司等企业。这些领风气之先的举动,得到了积极的响应,众多的实业社团也致力于开设各种公司,兴办实业成为具有广泛社会性的行动。一项统计表明,民国元年和二年,全国新办企业分别多达2001家和1249家。这项统计数额偏高,新开厂矿和公司也不乏忽生旋灭、昙花一现的情形,但还是能够反映当时兴办实业的盛况。民国建立后,许多因清末战事而停顿的企业也纷纷重新开业。

实业热潮与清末设厂自救、收回利权的爱国运动是一脉相承的,也将推动民族资本主义新的发展浪潮。所不同的是,民主共和国赋予资产阶级当家做主的意识,使他们不但有了更为强烈的发展愿望,而且对前途充满了积极乐观的希望。通过实业热潮,资产阶级酝酿并提出了振兴实业的各种主张和要求。殷切期望民国政府制定和实行有利于资本主义发展的政策。

② 政府的态度与角色

近百年经济政策的变化，实际上始于清末。它表明中国的民族资产阶级和资本主义，已经成长为一支不容轻视的政治力量和经济力量。所以，不论是资产阶级执政的南京临时政府，还是窃国大盗袁世凯建立的北京民国政府，都在一定程度上自觉不自觉地制定了有利于民族工业发展的经济政策。

南京临时政府只存在了短短的90余天，但《临时约法》作为宪法，明确了国民的平等、自由和各项权利，特别是财产权和营业权，是比改朝换代远为巨大的划时代变革。

南京临时政府首先有选择地沿用清末的经济法规。内务部发布《保护人民财产令》，编定《禁止人口买卖暂行条例》，将封建主义人身依附关系，变为资本主义的雇佣契约关系。内务部还"劝导冠服须用国货"，在民国服制改定问题上顺应民心，倡导使用本国纺织品作为官民服饰的原材料。实业部通过各省都督饬令各省实业司，切实注重农工商矿的振兴。由实业部拟定的《商业注册章程》，准许各商号自由注册，取消清朝规定的注册费，便利了大批企业的集股创办和申报注册。我们现在能看到58天的《临时政府公报》，它反映了上自临时大总统和中央的内务、实业、财政、交通各部，下至各地方政府，在为发展资本主义开辟道路的总方针指导下，对于复原和振兴民族经济是有一些具体作为的。

由清末编练新军起家的袁世凯，曾经主持过华北地区的"新政"。近代工业的大量利润既是他取代清王室和窃取辛亥革命果实的重要经费来源，也成为以他为首的北洋军阀军事政治集团所建立的北洋政府的经济基础之一。袁世凯当政时期吸纳了大量的资产阶级新式人物进入政府，既有宋教仁、熊希龄、梁启超，更有南北方大资本家张謇、周学熙和理财家梁士诒。袁世凯在经济上的宽允和资产阶级具有的参政、议政权利，促成了民国初年一系列经济政策法规、则例的出台。其中张謇长年担任政府农商部总长，为主持经济法规的编制和颁布呕心沥血，个人作用非常突出。

1912年11月1日，工商部在北京召开全国临时工商会议，与会者有各部代表和来宾、各省和华侨资本家代表共200多人。这是经过充分酝酿和准备的，是政府与工商实业界的一次盛会，会期经过延长达35天。工商总长、同盟会会员刘揆一在会上宣布了政府对基本产业实行提倡和保护等政策。会议的主要内容，则是讨论大量的部备议案和代表自备议案，达成议决案31件、参考案17件。

来自全国各地的资本家代表畅所欲言、广泛提议，针对以往经办实业的得失经验，对政府提出了各方面的政策要求，即：迅速制定各项经济法规；改变垄断政策，许民自由经营，并尽到保护和提倡的责任；确定特别保护法，实行补助和保息；裁免厘税，改良税则；提倡国货，仿制洋货；整顿金融，划一度量衡制度。这次的全国工商会议,不仅激发了民族资产阶级的积极性和进取心,而且为此后政策出台作了很好的铺垫。

北洋政府时期颁布的经济法规、则例总计在70件以上,涉及工商矿业、农林牧渔、权度、银行金融、交通运输、特别税则与减税特典、经济社团等各个方面。就民族工业而言,首要的是1914年颁布的《公司条例》(251条)和《商人通例》(73条)。二者分别侧重作为法人的公司,和法人代表及其使用人。明确了公司企业受法律保护的法人地位。《公司条例》对公司的各种责任形式、设立条件直至解散清算,都作了详细的规定。《商人通例》实际上包括了工商金融等17个行业的营业者。与清朝的《公司律》(131条)和《商人通例》(9条)相比,两条例在详密程度和可行性上都大有提高和创新。其次,是稍后公布的《公司注册规则》和《商业注册规则》,明确了企业的注册资格和条件,把清朝必须通过商会转呈注册的规定,改为直接在营业所在地官厅呈报注册。严格限定各官厅必须在5日和3日内分别办妥公司和商业注册事宜,既简化了手续、节省了时间,又降低了注册费用。

公司、商人条例和渐趋完备的注册制度,是政府鼓励和倡导兴办企业的政策体现,以至于"不几年而大公司大工厂接踵而起"。从长远的角度来看,这种以法制建设方式表现的鼓励倡导和规范,对于中国近代企业制度的形成和规范化意义重大。

保息、专利、示范及奖励制度的确立,也是与民族工业密切相关的政策内容。

1914年1月,张謇向国务院提议保息法案及奖励工商业法案,经袁世凯批准后《公司保息条例》出台。保息方法为首先由政府拨存公债票2000万元作为保息基金,每年用其利息借助给甲、乙两种公司,作为公司的股本保证其获得利息。甲种公司为棉丝、毛织、制铁业类,乙种为制丝、制茶、制糖业类,呈请保息的两种公司的资本实收额必须分别在70万元与20万元以上。保息期为新办公司开机制造始三年,从第六年起每年按所领保息金总额的1/24逐年摊还。条例还规定,被保息公司非实有盈余时,不得于保息定率外分派官利。

同样是出于吸引和维护工业投资的目的,保息制度与盛行于清末的官利制度有着实质上的不同。保息条例正是针对民办公司因官利负担而三年无利可图的遗留问题。两者最大的不同点在于政府的介入方式与角色。政府主动补助保息的主要目的,当然是使财政收入的增加成为源头活水。但是保息金毕竟作为股本为相当一些工业企业注入了血液,宽松的摊还条件能使新办企业从中获得超出于借贷利息大半的产业利润。当民国初年官利制度逐渐取消后,保息方法更有助于端正股东作为企业投资者而不仅是债权人的关系,有利于企业的正常经营。保息与官利两种制度,对近代企业发展的一利一害的根本区别,是相当明显的。保息制度可以说是民国初年提倡奖励实业的方法中最具实效的一种。

1912年12月公布的《暂行工艺品奖励章程》规定，对工业制品种类和制造方法首先发明和改良者，可以呈请专利，对发明或改良的工业制品即工艺品给予5年的保护期。在这方面首先要做的是破除晚清以来封建性的将设厂专断作为所谓"专利"的垄断权，最典型的例子就是民族工商业者经过奋力争取，迫使湖南华昌纯锑炼厂和周学熙的华新纺织公司，放弃行业和地区垄断的设厂专利权。据统计，从1913年5月到1916年3月，农商部办理专利34件。近代专利制度在政府政策与社会意识趋于明晰和一致的过程中，逐渐得到确立。

张謇之子张孝若在《南通张季直（謇）先生传记》中，提到其父认为：中国"农的种植、工的技术、商的运售，都有待于改进、发展的讲求和试验。而这种责任，政府应负起来，从试验上树起一个可以做人民效法的榜样"。农商部陆续建立起商品陈列所、工业试验所、工商访问所、工艺传习所、权度制造所、权度检定所等试验和示范机构。常设的商品陈列所负责向国人展示本国工业产品的优新品种，不定期举办大型国货展览会，以广见闻和交流情况；工业试验所职掌工业分析试验及鉴定事务，同时应工商业者请求派员到企业予以技术等方面的指导；工商访问所负责调查国内工商状况及海外贸易情形，接待业者的访问并提供事务及技术上的指导，还负责研究商业的公共利害、介绍最新商事消息。1915年6月，农商部以商品陈列所兼工业试验所及工商访问所，组成劝业委员会，旨在促进国内工商及外贸的振兴和发展。此外，农商部在各地分设了8处棉、糖、林、牧业的试验场，对于丝、茶、棉纺等业的品种改良、工艺技术改进和产品质量的提高，也起了一定的示范作用。

北洋政府还先后公布了《农商部奖章规则》（1915）、《农商部奖励实业办法》（1917）等规章条例，广泛涉及农商工矿牧渔、外贸及实业教育、实业团体等各个方面。从"奖章规则"的范围看，奖励对象偏重于中小工商业者。五条"奖励实业办法"的公布正值第一次世界大战期间，所以重点放在振兴国货，替代洋货，加强对外贸易上。比如，每年能将国货运销国外至10万元以上，营业超过3年者，给予一等奖章。这两项基本的奖励规则和办法，主要是对经营实业成绩显著的个人或团体给予荣誉奖励。

除此之外，还有《暂行工艺品奖励章程》、《植棉制糖牧羊奖励条例》、《造林奖励条例》、《奖励国货办法》和《发明品奖励办法》等，是适用于实业特定原料、产品、行业或事务的奖励办法。给奖的方式也不限于名誉奖励，而是营业上给予执照、专利和专卖权的奖励办法，与给予奖金的方法同时并举。1914年11月，由农商部呈请对11家成绩显著的工厂颁给匾额和褒状，这是较早和有代表性的奖励举措。在各个层面上推广开来的奖励方法，也在制度化的过程中得以规范化和经常化。

国货作为民族工业的产品，其荣枯是衡量民族经济兴衰的尺度。北洋政府提倡国货的政策，在第一次世界大战期间最为突出。1914年12月,农商部向各省发出长篇通饬,提出欧战正是"工商发达之转机",并附《维持工厂办法大纲七条》,规定凡糖类、瓷器、麦粉、纸张、文具、罐头食物、玻璃、线织衫袜、肥皂、蜡烛、棉毛织物等制造厂家,均在应行维持之列。"大纲"责令地方长官在抵押贷款、产品改良、运输费用等方面提供条件或给予补助。此后农商部又多次发出训令,要求所有公共机关的日用消耗品,一律专购已有的国货。

　　北洋政府陆续出台了一些裁厘免税的规定。出口的机制西式货物免除一切税厘,内销的也只需纳一次正税,就可免除京师崇文门落地税外的一切税厘。到1916年4月,已有棉布、麻布、水泥、卷烟等32个行业的179家工厂,以及生产火柴、面粉的一般工厂,获准享受缴纳一次正税的优惠。对于手工土货和工业原料也公布了减免税厘的特别规定。裁厘免税不但是对国货最有力的倡导和保护,而且与保息办法一样,是这一时期经济政策中对民族工业发展可能产生最大实效的部分。

　　民国初建时,张謇痛感民族工商业以往都是在"于万死中求一生,惟希望有善良之政府,实行保护产业之政策,庶几有所怙恃而获即安",所以进入内阁后他坚持实行"棉铁主义"和实业救国的主张。可以说,中国资产阶级对民国政府寄予了厚望,他们代表时代要求政府担当起领导中国走上近代工业化道路的角色。通过他们的努力争取而出台的一系列扶植、倡导和奖励民族工商业的政策法规，也与中国资本主义"黄金时代"的到来密切相关。

3 世界大战与喘息良机

1914年7月，同盟国（德奥意）和协约国（英法俄）两大帝国主义集团，为重新瓜分世界和争夺殖民地，在欧洲爆发了大规模战争，史称第一次世界大战。大战历时4年零3个月，战火蔓延到欧、亚、非三洲，先后有30多个国家参战，卷入战争旋涡的人口达15亿以上，400多万人被动员入伍，结果死伤3000多万人。这次大战对世界历史和中国历史都产生了一定的影响。

大战期间及战后恢复的两三年内，由于成千上万劳动力的从军和死伤，一些主要帝国主义国家的民用工业受到了不同程度的削弱。特别是英、法、德等国，本国的生产已不能满足战争引致的对军用物资的大量需求。战争迫使它们暂时放松了对殖民地和半殖民地国家的资本和商品输出。这对于一直因外国资本和商品侵略而受到沉重压迫的中国民族工业来说，正是一次喘息和发展的良机。

帝国主义经济侵略在中外贸易上的反映，是从鸦片贸易开始的不利于中国的持续严重的入超局面。外国商品的输入总值，1864、1894、1914年由4621万海关两到16210万海关两，再到56924万海关两递增。1914年中国外贸入超高达21301万海关两。大战爆发后的1915年进口净值减至45447万海关两，入超值锐减为 3561 万海关两，比上年减少近 84%。1916～1918 年进口净值一直停滞在 55000 万海关两左右，1919 年虽然跳增为 64699 万海关两，但入超值减至 1618 万海关两，是 1890 年以后中国外贸的入超最低点。这些数字反映了这一时期中外贸易进口减少和出口增加的态势。

进口商品的种类，1884 年起棉制品取代鸦片居第一位，1905 年在输入总值中所占比重高达 40.58%，1916 年降至 26.47%，1925 年更降到 20.7%。由于大战期间西方物价升涨，金贵银贱，运费增加，所以在进口净值和商品比重下降的情况下，实际输入的商品数量更为减少。比如进口棉纱 1914 年为 254.2 万担，1919 年降为 140.6 万担。进口商品的构成，1910～1920 年，钢铁、煤油、机械、交通器材等生产资料所占比重由 17.6% 上升到 28.6%，同期消费品所占比重则由 82.4% 下降为 71.4%。

对于民族工业同样有利的是出口的增加。主要帝国主义国家由于战时需要，不得不依靠从国外进口轻工产品，而且已对它们形成依赖的一些国家和地区，又必须转而从中国获得商品补给。这就使得民族工业的国外市场有所扩大，出口额逐年稳步增长。1914 年为 35622 万海关两，1919 年增为 63080 万海关两，1925 年更达到 77635 万海关两。出口商品的构成，农产原料品的比重降低，工业制品的比重增加。在制成品和半制成品中，机制品增加，手工制品减少。出口商品的种类，面粉、蛋粉、油类等工业制品和半成品的出口显著增加。比如，面粉的进出口贸易从 1915 年开始由大量入超变为出超，1915~1921年年均出超量为100多万担，远销到英国、俄国及南洋各国。蛋制品的出口数量，从1914年的29.4万担增至1919年的79.4万担。出口油类中豆油从1914年的60.7万担增至1919年的236.1万担，花生油从1914年的25.7万担增至1919年的122.4万担。与此同时，商埠的增开、城市的扩大和铁路货运的增长加上进口的减少，又为民族工业扩大了国内市场。

进出口贸易的变化，不仅为民族工业的发展提供了条件，也初步反映了民族工业的发展。在这一变化的后面，应当看到国际金融和物价变动的影响。首先，金贵银贱现象的出现，刺激了以银为货币本位的中国增加出口。但是进出口贸易中进口商品相对较高的价格，使得出口品购买力即它换回进口品的能力逐年下降，从而形成了进出口价格剪刀差影响下的不等价交换。比如，据算1920年中国必须多输出35.7%的货物，才能换回和1913年等值的进口货物。这就造成了出口虽然增多，但价值并未同步增加。这种为了寻求平衡因而价格越低必须出口越多、出口越多则价格越低的痛苦的输出，对于出口依然以农产品为主的整个中国经济，尤其是中国农村是极为不利的。其次，进出口价格剪刀差反映在国内，即工农业产品价格剪刀差的扩大。国外物价的高涨带动国内物价上涨，尤其是工业品价格大幅上涨，相比之下，农产品原料价格和劳动力价格（工资）涨幅较小，反呈下跌的趋势，又形成了产品与原料的价格剪刀差。

单就民族工业而言，出口的增加尤其是工业品出口的不断增加，是不幸中的大幸。而成本的降低，对于工业生产特别是以农产品为原料的棉纺、面粉等行业的生产是极为有利的，能够保证获得高额的利润。所以，这一时期大量的军阀、官僚、华侨、商人和地主对投资工业趋之若鹜。

1914~1922年新设立的120家银行，也为工业融资提供了一定的条件。所有这些，构成了民族工业突出发展的根本性的经济原因。同时应当指出，这种以牺牲农业及剥夺农民和产业工人为代价的发展，并不是一个国家的资本主义发展的健康状态，而是一个半殖民地社会身戴镣铐时求生的艰难抗争。

这一时期的反帝爱国运动，也为民族工业发展创造了社会条件。第一次世界大战也是帝国主义侵略中国的势力格局发生改变的过程。英、法大为衰弱，德国退出，俄国发生了"十月革命"，同时日、美尤其是日本帝国主义乘机加紧了对中国的侵略，日货倾销和日资输出迅速增加。1915年1月18日，日本提出企图灭亡中国的"二十一条"，激起了中国人民的极大愤慨，从而掀起了一场不忘国耻、救亡图强、抵制日货、提倡国货的大规模运动。1918年，段祺瑞与日本签订《中日陆军防敌协定》和《中日海军防敌协定》，日本的侵略阴谋再次引起了全国人民抵制日货的爱国运动。1919年，作为1917年加入协约国参战的战胜国，中国在巴黎和会上居然成为帝国主义国家间的战利品。消息传来，迅即爆发了反帝反封建的五四爱国民主运动。

在这场波澜壮阔的伟大运动中，上海首先罢市，拒绝买卖日货，各地随即响应。以上三次爱国运动的开展，打击了帝国主义的侵华能力，不同程度地对民族工业和国货的销售产生了积极的促进作用。

4 从低潮到百业争兴

第二次设厂高潮之后，由于外资势力的卷土重来和本国的政策退缩，民族工业又一次跌入低潮。辛亥革命期间清廷镇压革命的南北战争，也给社会经济造成破坏。1911年和1912年两年经注册开设的新厂矿只有18家和7家，1913年增为37家。但是，民初的实业热潮所蕴藏的巨大潜力势必改变这一局面。当时有关各地创办实业的报道层出不穷。由于制度未定，开设厂矿大多有意避免注册的繁难。所以，民初几年开设为民族工业企业实际上肯定要多一些，呈现了由低潮转而初兴的局面。

1911年上海新设工厂只有9家，1913年就达到29家。此外，镇江开办了织布、织袜、制帽和服装业的一些工厂，无锡则在针织、翻砂、榨油等业中竞设新厂，重庆和成都的制革业、济南和烟台的榨油业也异军突起。面粉、火柴业的新设工厂最为典型。1912～1915年面粉新厂21家，超过了前9年的17家。火柴业则由于新厂开设，遍及全国各个省区。

最能反映世界大战中民族工业勃兴的，莫过于统计数字，但是最缺乏的，也恰恰是它。既有的统计，如政府农商部1912～1920年的"农商统计表",也往往不够精确或相互矛盾,它与事实的偏离必须用再估的方式来弥补。据当时人研究,1914～1920年共有经过登记的17种主要工业公司126家,资本额7628.6万元。据专家统计,1920年比1913年新增工厂1061家,资本额增加16980万元。又据专家统计,1914～1919年共新设厂矿379家,投资额8580万元。我们以专家为准,扣除少量的官办企业,并考虑到本期巨大的利润和积累,那么1914～1920年大战前后七年时间,民族工业新设工厂为500家左右,年均投资在2000万元上下。七年间新厂与增资的数量,约与甲午战后19年的水平基本相当。另据专家按生产能力、产量和投资额对重大行业分别计算,估计本期中国资本主义的发展速度为年增长12%～13%,这一增长率略低于初步发展时期,但相比之下增长范围已大为扩大,尤其是利润的优厚也达到了空前的程度。

这就是中国资本主义,特别是民族工业发展的"黄金时代"。

这一时期民族工业的发展主要在于轻工业领域,因为相比之下轻工业资本投入少、资金周转快并且易于获取利润。众多的轻工行业之中,又以战前国外输入最多、战时本国大量输出的,为人们日常所需的纺织、面粉等工业最为突出。卷烟、火柴、玻璃、炼油、造纸、制革、蛋粉等工业也获得了蓬勃的发展。此外,橡胶业和制盐、制碱、味精、化妆品、肥皂、牙粉等化学工业的新兴,则是"黄金时代"百业兴旺的最好证明。

纺织业和面粉业，是大发展时期中国民族工业的主力军。从1919年开始，它们拥有了民族工业的半壁江山。

世界大战导致了国外棉纱输入的递减和国内外纺织品需求的旺盛，使民族棉纺工业摆脱了19世纪"花贵纱贱"的困扰，转为刺激投资的"纱贵花贱"。每生产一包400磅的16支纱所能获得的平均赢利，由1916年的7.61元猛增到1919年的70.65元。但由于进口的棉纺织机器从订购、运输到安装和开工需时较长，所以棉纺织业在大战前期并不景气，1914年纱锭数反而比上年减少了数千枚。1914~1922年纯由民族资本开办的棉纱工厂共54家，其中1920~1922年的设厂高峰期共设新厂39家。这一数量是此前20年中外纱厂总数的2倍多。1914~1922年，新投资本额估计达9245万元，比1310万元的起初资本额增加了6倍。同期设备，纱机由50万锭增至160万锭，布机由2300台增至6767台，平均年增长率各为15.6%和14.4%。这样的发展速度在近百年棉纺织工业史中是空前绝后的。

优厚的利润是"黄金时代"发展的主要动因和典型特征。例如，无锡振新纱厂和宁波和丰纱厂，1906年开办后数年间毫无起色，但到1919年振新厂的股东竟获得六分的红利，和丰厂当年获利也高达140万元。1914~1922年，一些老厂如大生一厂和二厂获利都在420万两左右，武昌楚兴公司更高达1000多万两，新创办的上海申新一厂（1916）七年间获利383万元，天津华新纱厂（1918）四年间获利397万元。1919年是纱厂利润最高的一年，不但各纱厂无不获利，而且除少数纱厂利润率在30%以上外，一般均高于100%，甚至高达285.7%。高额利润促进了纺织机器及技术的改造，及引进美国长纤维棉种的改良活动。在这些方面，穆藕初创办的德大、厚生两厂率先垂范，贡献颇大。

棉纺织企业出现向北方和华中内地分布的势头。新设厂中天津6家、武汉4家，天津和武汉分别成为北方和华中地区的纺织工业中心。这样的分布使企业接近产棉区和消费区，并且有减轻洋纱压力的作用，是合理与进步的一种表现。同时，上海和江浙地区仍占全国纱锭数的60%以上、布机数的70%以上，基本格局没有改变。

棉纺织工业的业务开展和丰厚利润，加速了资本积累的步伐，结果是在该行业中形成了5个民族资本的企业集团。早年投资面粉业卓有成绩的荣宗敬、荣德生，退出与人合办的无锡振新纱厂后，1915年在上海创办申新纱厂并于次年投产，1917年收买上海恒昌源纱厂，改为申新二厂，1919年在无锡设立申新三厂，1921年在汉口设立申新四厂，1925年收买德大纱厂改为申新五厂，同年租办常州纺织公司作为申新六厂，1928年收买英商上海东方纱厂作为申新七厂。到抗战前夕，申新集团共有9家工厂，纱锭619688枚，布机5982台，资产总值超过5000万元，成为中国棉纺织业最大的企业集团。

大生一、二厂的迅猛发展，促使张謇产生了设立第三、四、五、六、七、八、九厂的宏伟计划。但由于着手太迟，仅有大生三厂（海门）、八厂（南通）分别于1921年和1924年建成。大生系统共有4厂，自有资本在690万两以上，成为这一时期第二大棉纺集团。1921年，澳洲华侨郭乐、郭顺兄弟在上海创办永安纺织公司并于次年投产，后收买大中华纱厂，改为永安二厂，并创办永安三、四厂，还拥有一家日产色布5000匹的印染工厂，共拥有资本600万元，是上海最大的棉纺集团。周学熙创办的华新纺织公司，1918~1922年先后开设天津、青岛、唐山、卫辉4个华新纱厂，共有资本836万元，纱锭108000枚，是北方最大的棉纺集团。徐荣廷等人1919~1922年创办武昌裕华纱厂和石家庄大兴纱厂，后又创办西安大华纱厂，拥有资本330万两，纱锭50844枚，布机400台，成为雄踞华中的裕大华棉纺集团。

面粉业的发展同样得益于大战期间的大量输出和麦面价格差。1914年外贸面粉入超219.77万担，合740万海关两，1915年转为出超，1920年出超已达344.98万担，合1718万海关两。1914年每包面粉2.08元，1915年升至2.52元，1920年为2.75元。而小麦价格则由1915年每担5.48元，降至1919年的每担3.81元。1914~1922年9年间，机制面粉工厂增加了108家，设立资本2000万元。不论厂数、资本额和生产能力都是1913年前20年面粉业的2倍以上。1920年，全国实存面粉厂123家，资本2750万元，每昼夜生产能力总计266558包。其中包括5家日产5000包以上的大厂。企业分布也由上海、江苏向北方产麦区和消费区转移，除初步发展时期形成的上海、哈尔滨和汉口3个主产地外，济南、天津和无锡也成为面粉厂集中的城市。这6个城市的生产能力约占总数的70%。

这一时期面粉厂无不获利丰厚。以1913～1920年上海福新厂为例，年获利由1913年的3.21万元到1920年的51.1万元，利润率由1913年最低的80.21%，经1917年最高的188.72%，到1920年的102.2%。八年间总计获利近193万元，年均利润率为133.3%。本行业的如此盛况，同样促进了民族资本企业集团的产生。

荣宗敬、荣德生于1903年创办无锡保兴面粉厂（后改名为茂新），1913年又在上海开办福新面粉厂。大战期间很快扩充为茂新四厂、福新八厂，另有租营的上海元丰厂，共计13个工厂，分布在无锡、上海、济南和汉口。1920年，茂新福新系统共有钢磨270台，自有资本373.7万元，日产能力7.6万包，约占全国民族资本面粉工业生产能力的1/3。成为荣氏家族拥有的面粉业中最大的企业集团。

孙多森、孙多鑫于1898年创办上海阜丰面粉厂，是民族工业中最早的面粉企业，多年来以雄厚的实力在本行业中首屈一指。1916年，孙氏兄弟在此基础上投资山东济宁的济丰面粉厂，1919年收买河南新乡的通丰面粉厂，同年增资70万两，扩充阜丰为有限公司。阜丰面粉公司与孙氏家族的北京通惠实业公司、中孚银行等众多企业共同组成通孚丰资本集团。孙多鑫、孙多森分别于1909年和1919年病故后,由留美归来的孙多钰主持集团事业。到1937年,阜丰共有6厂,钢磨172台,日产能力4.78万包,在面粉业中仅次于茂新福新集团。

哈尔滨的双合盛制粉公司,是由旅俄华商张廷阁于1916年以28.5万卢布收买俄商粉厂而成立的,同年还开办了双城堡制粉厂。同属于双合盛资本集团的企业还有:哈尔滨双合盛杂货店(1901)、北京双合盛啤酒汽水厂(1914)、哈尔滨双合盛制油厂(1919)和双合盛制革厂(1920)等。

火柴业的发展受到了进口减少的刺激。1913年全国进口火柴2844万罗(每罗144盒),1921年减为430万罗,1922年更减少到270万罗。其主要原因是常占进口总数70%~80%的日本火柴,因抵制日货而数量锐减。1921年实存火柴厂129家,比1913年52家净增设77家,资本额增加了450多万元,累计约746万元。火柴业也有丰厚的利润,如天津北洋火柴厂1909年创办时资本为4.2万元,1917~1918年两年间每年的纯利都在10万元以上。因此在新厂开设的同时,一些原已歇业的老厂如昆明云兴、西安礼荣和德泰昌都恢复了营业。济南振业厂开设了分厂,上海荧昌公司则拥有了3家工厂。

1919年,上海荧昌公司邵尔康联合燮昌厂和杭州光华厂,合资开设上海华昌火柴梗片厂,日产梗子300包、盒片200万只。此后专制火柴梗子和盒片的工厂陆续开办，最多时全国达20多家。济南振业厂和上海大中华铁工厂还自行制造和修理排梗机、卸梗机、单贴机等火柴业机械。这些事例既是火柴工业的新发展，也是力图在原材料和生产技术上摆脱对进口和外企产品依赖局面的尝试。

这一时期火柴业的特点也是高利润而不是高投资。到1922年，不足6万元的厂均资本和800万元的投资总额，只相当于卷烟业中南洋兄弟烟草公司一家企业资本额的一半。1917年，由北京丹凤和天津华昌合并而成的丹华火柴公司，有资本100万元，是当时最大的火柴厂。上海荧昌、武汉燮昌和沈阳惠临等厂也有较大规模。值得注意的是，刘鸿生1918年在苏州以20万元创办鸿生火柴厂，以出色的经营与火柴大厂竞争，先后收买燮昌厂、合并荧昌厂和中华厂，组成了民族资本火柴工业的垄断集团——大中华火柴公司，刘鸿生因此获得了"火柴大王"的美称。

卷烟业是在与外资垄断势力的短兵相接中发展的，也得力于国人和华侨对国货的支持。辛亥革命后，南洋兄弟烟草公司的飞马牌香烟仅在爪哇一地就月销1000箱左右，上海华成公司的美丽牌香烟也深受国人的喜爱。1920年卷烟业资本总额达1680.4万元，比战前1912年的137.8万元增加了10倍以上。据1927年调查，全国卷烟厂近70家，是战前烟厂数的3倍以上，其中62家集中在上海。

简氏南洋兄弟烟草公司的发展最为突出。它不断受到英美烟草公司软硬兼施、不惜工本的排挤。先因英美烟草公司诬告双喜烟冒牌而被迫改为喜鹊牌，后又因国籍问题被取消注册，还有降价竞销产品、高价收买工厂等打击。南洋公司在上海总商会、华侨联合会等大团体的支持下渡过一个个难关。1916年在上海开设大规模的制造厂，并在广州、北京、汉口等地设分公司，逐渐将重心由香港移到内地。同时在山东坊子、河南许昌和安徽刘府推广美种烟叶，开设烤烟厂。1912～1920年，公司销售额由43万港元增至2500万港元，公司赢利由5.2万港元增为480多万港元。公司营业最盛时，拥有制造厂香港3个、上海5个、汉口1个，共9个。1918年资本额已由1916年100万元扩充为500万元。1919年，改为南洋兄弟烟草股份有限公司，海外华侨的踊跃投资使1500万元的招股计划在数月内迅速完成，成为民族资本最大的有限公司。

水泥工业中的新厂，有上海的华商水泥公司、太湖水泥厂和南京的中国水泥公司，正式投产都在1921年以后。该行业发展以原有的启新洋灰公司最为突出。1914年开始，启新接办了当时唯一的另一家民营湖北大冶水泥厂，设备利用率骤然提高，1919年后甚至超负荷生产。1914～1920年，年产量由4.8万吨增为近11万吨。所产水泥由战前主要供应北方修筑铁路，转为满足工业建设需要，特别是南方上海等地的民用建筑。同期共赢利508.7万元。1921年时资本额增为880万元。经营成功的启新洋灰公司，成为周学熙资本集团的支柱企业之一。

民族资本橡胶工业的前驱，是1917年由华侨投资

20万元创办的广东南洋兄弟树胶公司。橡胶工业基本上是在战后数年,于广东地区发展起来的。从1919年开始,先后设立有怡怡橡皮制造公司、祖光树胶公司、广州实业树胶制造公司、中华树胶公司等。上海的橡胶工业开始较晚,1921年江湾模范工厂开展橡胶制造业务时,广州全市的橡胶工厂已经多达20余家。

造纸业由于印刷业的发展和厂商包装的需要而颇有发展。上海、北京、济南、苏州、杭州、广东江门及河北、江西等地,陆续设立了新式造纸厂。新厂开设多在1918年以后,如当年由原伦章厂改组而成的上海宝源厂,资本达到100万两,湖南的机器造纸厂、河南的久利厂、1919年济南的华兴厂、1920年苏州的华盛厂、1921年杭州的武林厂、1922年嘉兴的大中厂及上海的公兴卡纸公司,都是拥有数十万元资本的较大厂家。稍后的1924～1925年,上海又有天章、竟成、江南等大厂设立,连同原有的龙章厂,每年总销售额在200万～300万元,使上海成为造纸业的重地,摆脱了战前造纸业萧条沉寂的状态。

玻璃制造业和制革工业,也以上海为主要发展地。值得注意的是,在距上海数千里之外的四川省,两种工业也有遥相呼应的发展。到1921年,四川省已开设6家规模略小的玻璃厂,而仅在重庆则已有16家制革厂,采用机器生产的各种革制品畅销各地。

民族资本的食品工业,在榨油、酿造、罐头和机器碾米等行业中蓬勃发展。榨油工业新厂的设立,广泛分布于东三省的大连、营口、金州、哈尔滨,直隶

（河北）的天津，山东的青岛和长江流域的上海、无锡、常州等地。各地产品均有偏重，如东三省的豆油、青岛的花生油、上海的棉油和菜子油，连同副产品豆饼，都成为出口的大宗。酿造业中张裕公司附设了玻璃瓶厂，产品远销东南亚各国，并在中外博览会上屡次获奖。罐头食品厂家的设立都在沿海沿江城市，产品以外销南洋各地华侨为主。拥有20余家工厂的上海成为罐头食品业中心，其中泰丰、泰康和冠生园3家品种繁多的产品，大受远近消费者的青睐。1923年，无锡已有机器动力的碾米厂11家，日生产能力最多时达到600担，与上海、芜湖和汉口，共四个城市一起成为新式碾米工业的中心。

化学工业是本时期民族工业突起的异军，在精盐、制碱、味精、制药、化妆品、肥皂和油漆等制造行业中，都有开创性的发展。早在1912年方液仙创办的中国化学工业社，大战期间才获得了发展，1915年扩资为5万元并改组为股份公司。与之类似的还有1918年由《申报》编辑陈栩园创办的家庭工业社，该厂生产的无敌牌牙粉在提倡国货运动中，曾迫使日货狮子牌退出市场。两家都成为上海著名的日用化工厂。

在民族资本化学工业方面，不能忘记范旭东，也不能忘记吴蕴初。两人以"北范南吴"并称，他们是中国大规模化学工业的开创者。范旭东早年留学日本，一生志在实业救国。1914年他在塘沽创办久大精盐厂，规模逐渐扩大，陆续在塘沽开设了6家制造厂，后改名为久大盐业公司。1917年,范旭东又在塘沽筹办永利碱厂。开办之初困难重重、经营惨淡,范旭东大力招揽和重用著名专家侯德榜等一批科技和管理人才,终于使制造纯碱这项基础化学工业获得成功,并奠定了范氏化工事业的基础。永利碱厂后改名为永利化学工业公司。吴蕴初一战期间以5000元在上海创办炽昌硝碱公司,1921年又创办炽昌牛皮胶公司,产品均为替代进口的火柴原料。1922年后他陆续在上海创办天厨味精厂、天原电化厂、天盛陶器厂和天利氮气厂,其中天厨的佛手牌味精成为妇孺皆知的国货名牌,有力地抵制了日本"味之素"的倾销。

拥有50万元资本的中国化学工业社,主要从事化妆品生产。早期的化妆品工业企业较著名的还有在香港设立的广生行,在上海等地设有分行;旅美华侨1915年在旧金山创办香亚化妆品公司,1918年将总厂迁设于上海闸北。上海五洲大药房创设于1907年,由经营进口西药起步,逐步成为最早从事常用西药制造的民族工业厂家。1921年,五洲大药房接盘了德商经营的固丰肥皂厂,改名为五洲固本皂药厂,兼营药剂、肥皂制造,资本达到100万元以上。由于战时药品紧俏,到1920年,上海出现了47家制药厂社,但大都简陋狭小。肥皂工业分布广泛,除东北主要城市外,汉口、广州、天津、唐山、镇江、南京等地都设有肥皂厂。1928年一项调查表明上海居于本国肥皂业中心地位,20余家肥皂工厂中资本在3万元以上的有7家。其中以1912年中国化学工业社成立最早,其余南阳烛皂厂、爱华瑞记香皂厂、华丰香皂厂、鼎丰皂厂、亨利烛皂厂都开办于战时或战后，以五洲固本皂药厂最为出类拔萃，所产香皂、肥皂品种达30多种。油漆工业以1915年上海开林造漆厂为第一家，该厂每日生产双斧牌白铅粉80担，白色油漆、各色油漆和铅丹共10吨，初步满足了市场的需求。

此外，1915年创办的上海三友实业社，初制烛芯，后来成为以出品三角牌毛巾闻名的棉织品厂。1919年开设的上海铸丰搪瓷厂，1920年开设的美亚织绸厂，也是机制搪瓷工业和机器织绸业的开端。它们不仅表明民族工业在许多新兴行业中崭露头角，它们在一战期间的初步发展，也为本企业和该行业的扩展壮大打下了较好的基础。

与轻工业等领域百业兴旺的局面相对应，民族资本在机器修造、电力电机、矿冶和运输等行业中也有所发展。1914~1920年，上海民营机器工厂由91家增为222家，除原有的船舶修造外，机床、内燃机、纺织印染、缫丝、碾米、轧花、榨油、针织、印刷等机器的制造和修理业务日益兴盛。1914~1919年，全国新设立的火力电力和电灯厂多达103家，一些小城市还设有不在统计数字中的小型电灯厂。电机修理业中1916年叶友才在上海创办华生电器厂，以生产华生牌电扇而闻名于世。煤、铁、铜、锡及铅锌等矿冶业中，民族资本在外资垄断势力压迫下顽强生长，如一战期间华商煤矿的产量增加了近8倍，在全国煤产量中所占比重也由8%增至23.2%。由于战时需要和民族资本的积极投入，1917年和1918年，中国锑、钨两种矿产的产量分别达到1.5万吨和1万吨，居世界首位。据统计，1914～1920年7年间投入轮船业的民族资本为2488万元，超过此前20年的总和。民营轮船公司的船只和吨位分别增加了359只和69503吨，船只年增长率高达18%。虞洽卿在1909年宁绍轮船公司的基础上，又创办或收买了上海三北、鸿安和宁兴轮船公司，资本增至400万元以上，成为航运业巨头。

手工业的发展也是民族工业发展的一项重要的内容。不仅在几乎所有的工业行业中都存在大量的手工劳动，而且大量的手工工场也部分采用了机器设备，有时二者仅有一步之遥。据对32个传统手工行业的统计，有15个获得了较大发展并向机器工业过渡，还出现了11个新兴的手工行业。手工业在民族经济中居于重要地位。据专家对轧棉、棉纺织、榨油、酿造、面粉、碾米、缫丝、丝织及烟、茶、糖、纸、服装等50个手工制造业产值的估计，1920年为42.6亿元（可能是中国资本主义手工业总产值的顶峰），占国民经济总产值的近26%。手工业的发展以榨油业、棉纺织业和井盐业最为突出。据专家对全国棉布消费量的估算，1894年手织布占85.85%，1913年降为65.17%，1920年又升为71.45%，达到5.52亿匹。其中就有被誉为"爱国布"的河北高阳土布。较为发达的工场手工织布业，已成为棉纺民族工业的巨大市场和重要补充。在王、李、胡、颜四大家族大资本家高度垄断下的四川自贡井盐业，手工工场分工的明细、机器汲卤生产技术的广泛采用,加上工场规模的急剧扩大和资本积累的高速增长,表明该行业中的资本主义萌芽,已进入了成熟的工场手工业阶段,并完全可能依照资本主义自身的发展规律,向机器生产的大工业过渡。

5 民族资本企业集团的形成

这一时期民族资本银行业发展的结果,是形成了四个大的民族资本集团,它们是以京津为中心的华北资本集团,以上海为中心的江浙资本集团,以广州、香港为中心的华南资本集团,和以四川杨氏家族聚兴诚银行为中心的华西资本集团。四大财团以银行为核心,其中金融资本与工商资本交互渗透,反映了民族资本金融业和工商业较为高级的发展和自身力量的增强。

然而更能体现民族工业发展进步的,则是若干民族资本企业集团的形成。

前面介绍行业发展时,已对这些企业集团有所涉及。因为每个集团都有它赖以起家的工业行业,比如起步于棉纺业的张謇大生企业集团,以水泥和采煤为两大基础继而进军棉纺的周学熙企业集团,因火柴制造而发达的刘鸿生企业集团,棉纺和面粉两业齐头并进的荣家企业集团,从商业转而投资棉纺的郭氏永安集团,以经营纺织为主的裕大华集团,以经营面粉为主的孙氏通孚丰集团,以经营化工为主的范旭东永久集团和吴蕴初天字号集团。这些企业集团是以创办人物为核心,建立起以资金、人员为主要和辅助的联系纽带，在原料供应、产品销售和融资等方面协调联系，从事某种或某些行业生产和经营的一系列企业的组织。各企业集团在背景和组成形式上不尽相同，但它们的共同之处，在于在所经营的主要行业中最为强大和庞大，它们的下属企业都具有跨行业和成龙配套的特点。上述企业集团的投资范围十分广泛，遍及纺织、面粉、化工、食品、燃料、建材、五金、交电、煤矿、运输、机械等多种行业、商业和金融领域。

此外，还有一些这类特征不明显的次一级的企业集团，如棉纺业中的上海溥益集团，兼营面粉业和啤酒汽水制造的东北双合盛集团，以及拥有惠丰、成丰面粉厂、鲁丰纱厂并兼营通惠、泰丰银行、裕民当铺的山东苗杏村企业集团。又如甲午战后发展起来的民族工业重地无锡，由于荣氏兄弟，杨宗濂、杨宗翰兄弟，薛福成父子及唐、蔡、程三家的创业活动，在纺织、缫丝和面粉三大行业中，就形成了杨氏、薛氏、荣氏、唐蔡和唐程5个民族资本企业集团。

这些企业集团的创业时期一般都在清末民初，集团首脑在民族危机的背景和实业救国的旗号下创办了第一家企业。例如，1899年张謇创办大生纱厂，1900年孙氏兄弟创办阜丰面粉厂，1901年荣氏兄弟创办保兴面粉厂，1906年周学熙正式接办启新洋灰公司，1913年刘鸿生参与办理楚兴公司，1914年范旭东创办久大精盐厂。郭乐、郭顺兄弟虽然1918年才在国内投资创办上海永安百货公司，但他们早在1897年就在悉尼办起了水果栏，开始了海外的创业。除形成最早的南张、北周集团较早衰落外，它们的进一步扩展基本上持续到了抗日战争前夕。

一战及战后共近10年的黄金时代，是民族资本企业集团的形成时期。民族工业中棉纺、面粉、火柴和水泥业的突出发展，以及化学工业的新兴，正是从这些行业中崛起企业集团的原因。民族工业本期发展利润高和积累快的特点，为企业集团形成提供了必需的物质基础。张謇将成功经营的大生纱厂扩展为4个纱厂，并大量抽调纱厂赢利投入其他行业的企业和文化事业；棉纺业发展的高速厚利又吸引周学熙将启新、开滦的赢利投资于轻工行业，华新纺织系统迅速建成了天津、青岛、唐山、卫辉4厂，成为华北棉纺织业的主体，多方投资的周学熙企业集团正式形成；郭氏永安纺织公司逐步发展到拥有纺、织、印、染6家全能企业，从而形成了融商业、纺织业于一体的永安集团；孙氏兄弟自以阜丰收买济丰、通丰后，又接办了长丰、裕通、祥新、信大等4家面粉厂，连同通惠实业公司和中孚银行形成通孚丰集团；刘鸿生的大中华火柴公司因拥有7个火柴厂和1个梗片厂成为行业巨头，他进而投资创办上海华商水泥公司、中华码头公司、章华毛绒纺织厂、华东煤矿公司和中国企业银行等企业，形成跨行业的刘鸿生企业集团；徐荣廷等人在成功经营大兴、裕华、大华纺织公司的同时，以50万元资本接办大冶利华煤矿公司，形成内地最大的裕大华纺织集团；范旭东的久大精盐公司逐步拥有了8个制造厂，以盐制碱的永利制碱公司扩大为永利化学工业公司，继而集资 1200 万元创办永利硫酸铵厂并设立黄海化学社，形成永久化工企业集团；吴蕴初为天厨味精厂创办提供盐酸原料的天原电化厂、为盐酸提供盛放容器的天盛陶器厂和充分利用电化厂氢气的天利氮气厂，同时创办中华工业化学研究所，既解决了对进口的多重依赖，又实现了综合经营，形成天字号化工企业集团。

荣氏兄弟先后投资于面粉业和棉纺业。除保兴（茂新）厂外，所有企业都创办于 1913 年以后。至 1920 年，面粉业中茂新、福新系统已拥有 12 个面粉厂，日生产能力 74500 包，占全国民族面粉工业总产量的 1/3；至 1922 年，棉纺织业中申新系统已拥有 4 个纱厂，共有纱锭近 13.5 万枚，布机 1615 台，分别占到全国纱厂设备总量的约 10% 和 25%。茂新、福新和申新，分别成为当时面粉业和棉纺织业中最大的企业集团。1921 年，成立茂新、福新、申新总公司，作为管理面粉、纺织、铁工厂、堆栈、银行储蓄等行业企业的总机构。荣氏家族企业集团正式形成。此后，茂新、福新继续保持占全国华商总产量 1/3 的优势，同时棉纺业也迅速发展。到抗日战争前的 1936 年，申新的 9 个纱厂共有纱锭 57 万枚，布机 5304 台，设备拥有量和棉纱、棉布的产量，都占到全国华商棉纺织工业总量的 20% 以上。此时，以荣氏家族资本为中心的茂新、福新、申新总公司的资产总值已达 1 亿元以上。横跨棉纺和面粉这两个民族工业最大行业的荣氏家族企业集团，成为近代中国民族资本最大的企业集团。

半殖民地半封建社会条件下民族资本主义的发展，不断受到外国资本的排挤、打击和反动政府的掠夺、压榨。在内外压力下求生存的民族工业，为了在原料、资金和产销各方面获得一定的生存余地，也为了增强同业竞争的实力，就必须采取多业联合或单业扩充的集团形式。荣宗敬曾深有体会地说："能多买一只锭子，就像多得一支枪。"从行业分布上看，企业集团集中在轻工行业，尤其是棉纺、面粉和火柴业，企业集团与这些部门行业的突出发展相互带动和促进；从地域分布上看，除裕大华集团在内地发展外，其他集团都集中在东部的华北和江浙地区。以上两点对民族工业基本格局的形成意义重大。企业集团的特点还表现在它们浓重的家族色彩。从集团名称上就可以看出，这一点也是受中国历史和社会条件影响的结果。相对良好的设备、先进的技术和优化的经营管理，这使企业集团成为民族工业阵营中拥有规模优势的集团军，它表明民族工业正在由幼稚的最初阶段走向成熟。

6 中国资本家与产业工人

据一份反映中国产业资本家来源的资料，1913年以前，202名企业创办人或主要投资人中，商人、地主、买办所占比例分别为18.3%、55.9%和24.8%；1914~1922年，121人中三者的比例改变为53.7%、22.3%和9.1%。除去所录产业项目中为数很少的轮船业，这份资料说明民族工业资本家的来源有了很大的变化。"黄金时代"的资本家除南张北周等少数跨世纪人物外，处在创业阶段的多是第三代资本家。他们已不必像前辈那样依赖买办财富或地租收入，在外企和洋行中依样揣摩办厂的途径，而是更多地由商业积累而投资工业，并且能够从本国工业发展中汲取经验教训。他们获得了时代赋予的短暂机遇，使他们在创办企业时有胆有识，也使他们能够较快地建功立业，取得前人未有的成就。他们的身份大多比前辈少了多重色彩，而简化为单纯的民族工商业资本家，同时集资方式、经营观念和科技意识都有所改进和更新，这一点可从改组为股份有限公司、实行联营、组成企业集团和创办化工等新型企业的众多事例中得到证实。

中国的产业工人由19世纪70年代的1万人，至1894年的约10万人，发展到20世纪20年代初的200万人左右。其中机器工厂工人144.5万人，矿业工人42万人，交通业工人20万人。迅速壮大起来的产业工人队伍，大量充实到迅速发展起来的民族工业企业中，成为百业兴旺中的又一景象。然而，中国产业工人本身的境遇却是非常的困苦。

首先是工作条件恶劣。据政府统计，工人每天工作12小时，或多达15小时，矿工的工作时间更长。例如1920年前后，申新厂工人每天工作12小时，大生纱厂纺部12小时，织部14～18小时，英美烟厂9小时，启新洋灰公司12小时。大部分工厂没有正常的休假日，启新公司甚至一年中只有8天休息。设有监工、工头、打手等制度的大机器生产，提高了工人的劳动强度。例如昼夜开机的面粉厂，洗麦、运麦、打包、推粉、堆仓需用80%的工人从事笨重的人力操作；缫丝厂煮茧和抽丝大量使用人工，火柴厂中除排梗外其余工序多是人工操作，工人变成紧张运作的机器附件，稍有错迟便要受罚。劳动环境极端恶劣，例如棉纺、卷烟工厂为防止棉花和烟叶受潮，多采用封闭空气法，拥挤的厂房里棉屑烟末飞扬，空气污浊。缺乏劳保措施的情况在矿业中更甚。工人极易患职业病，工伤事故经常发生。例如1906~1919年的抚顺煤矿，年均事故达2344起，每年死亡113人。

其次是生活条件的恶劣。据政府调查，纺织、机械、缫丝和采矿等工业中，工人月均工资最高20元，最低6元，女工则为3~10元，童工更少。当时一般工人的日工资，最高不过5角，最低的还不到2角。与华商工厂中的外国工人及当时各国工人相比，中国工人的工资十分低微，还要遭到种种克扣和盘剥，生活极端贫困。在物价涨幅超过工资涨幅的情况下，工人的妻、子都必须去工厂做工，挣取微薄的工资。当时纺织、烟草、火柴、缫丝等行业雇有相当数量的女工和童工。工人的劳保福利少得可怜，茂新、福新、申新和南洋兄弟烟草公司等大厂，尽管每年都有巨额赢利，但为工人提供医护、食宿、托儿等的设施一概没有。矿业工人因工伤亡，只能得到施舍性的少量抚恤。

中国产业工人还受到封建主义的残酷压榨。在一些行业中实行封建性的把头制和包工制，体罚和克扣工资并行。把头和工头的佣钱从工人工资中抽取，年节婚丧时工人必须向他们送礼。上海还实行了包身工制，3年的包身期内，工人成为由资本家掌握生死大权的奴隶。三座大山压迫下的中国工人，社会经济地位十分低下。他们衣衫褴褛、面容憔悴，甚至形同乞丐。

中外资本主义包括民族工业的发展，是建立在残酷剥削中国产业工人的基础上的。中国资本家与产业工人有着共同的敌人——帝国主义和封建主义，他们在以往反帝反封建的历次斗争中走在一起。但是，被外资势力欲置之死地的中国资本家，又不得不依靠压榨工人来获取在夹缝中求生存和发展的余润。事实上，民族工业中工人的劳动和生活条件较为恶劣。这又使他们处于阶级的对立面。与民族资产阶级两面依赖的软弱性不同，"黄金时代"造就的一无所有的无产阶级已无所畏惧。他们既创造了民族工业的短期繁荣，也能为民族工业开辟一个独立健康发展的新社会。正如毛泽东在《论联合政府》中所说："中国工人阶级，自第一次世界大战以来，就开始以自觉的姿态，为中国的独立、解放而斗争。"

7 局限、顽症与兴旺同在

1920年，中国工农业总产值为165.3亿元，其中传统的农业和产业为152.4亿元，工矿、交通运输、邮电等资本主义新式产业总产值为12.9亿元，占总值的7.8%。如果将新式工场手工业产值计算在内，则资本主义经济的产值是22.3亿元，占工业部门（包括矿业）总产值的41.2%，占工农业总产值的13.5%。连同交通运输业共25.4亿元，在国民经济中所占比重为15.4%。这就是20年代初中国资本主义的发展水平。单就近代工业而言，除去工场手工业共12.5亿元的产值，则其余约9.89亿元的产值占工农业总产值的5.98%。按全国人口4.45亿计算，人均工业产值为2.22元。这可以视做当时民族资本近代工业的发展水平。

1920年中外产业资本分别为近12.5亿元和13.3亿元，自1894年的25年中，分别增长了17.5倍和23.6倍。它们在产业资本总额中的比重，经历了一个甲午战前华资居多、甲午战后外资占先的过程。世界大战后至1920年华资占48.4%，外资占51.6%，两者基本相当。1920年本国产业资本人均拥有2.8元。值得特别注意的是民族资本工业部分的增长。民族产业资本战时的年均增长率为10.54%，虽然较战前的15.08%低，但已大大超过了外国资本的4.5%和国家资本的3.81%。其主要表现就是工业资本的增长。1920年本国工业资本5.6亿元，多于外国工业资本的5亿元，其中民族资本达4.5亿元。可以说，在中外资本和官民资本的总格局之外，民族工业资本的增长和发展是较为突出的。它已经成为本国工业资本的主力军，直接与外国在华工业资本展开较量。

民族资本中近5.8亿元的产业资本，与23亿元的商业资本和10亿元的银钱业资本相比,为数尚少,不到资本总额的15%。而在工业资本中,又以轻纺工业为主,机器、水泥和金属矿冶业所占比重很小,三者相加共2332万元,仅为5%。

经专家估算得出的上述数据,既表明了民族工业的发展,也显示出民族工业兴旺景象中的局限和发展的障碍。经过"黄金时代"的发展,中国的经济面貌发生了不小的变化,但仍然是一个落后的农业国,距离资本主义工业化仍然路途遥遥。一直在社会资本总格局中占有较大优势的外国资本的竭力控制,以及日美等帝国主义的加紧侵略,不但使曾经作为民族工业先锋和生力军的缫丝业陷入萧条没落的境地,而且压制了民族资本在机械和矿业等重工行业的发展,迫使这一时期的民族工业在行业分布和地域分布上呈现出很大的不平衡性,像是在跛足而行。即使在民族工业大有发展的行业,也始终未能摆脱帝国主义的垄断和控制。以棉纺织业为例,1919年外国资本依然握有46.7%的纱锭和59.2%的布机。甚至可以这样说,民族工业所获得的发展,大量消费品、半制成品和原料的痛苦输出和制成品、生产资料的昂贵输入,恰恰从反面证明了帝国主义长期侵略所造成的,民族工业对国外市场的严重依赖和自身基础的薄弱。所以,即使在喘息的良机到来之时,民族工业也无法获得独立和全面的健康发展。

远多于产业资本的商业资本和金融业资本,并不能当做民族工业生产商品化和社会化扩大的结果和标志。半殖民地半封建的社会经济状况，使各行业间难以形成平均利润率，造成商大于工、工不如商、投机盛行的状况，也成为导致民族经济半身不遂的顽症。在社会资本贫乏的总背景下，大量的商业资本停留在进出口商品流通领域，依靠分取中外贸易中不等价交换的利润，以及利用工农产品价格剪刀差对小商品生产者进行掠夺，甚至通过囤积居奇投机获利，来实现资本的积累；大量的金融业资本热衷于投机北洋政府发行的巨额内外债，遍地滥设的证券交易所和信托公司将企业股票逐出门外，直至引发 1921 年的金融恐慌。即使是在工业利润有所提高的年代里，商业资本和金融业资本对于改善工业部门资金严重短缺境况的作用也极其有限。它们对民族工业的发展没有起到应有的积极作用。本时期民族工业的发展表现出利润较高但投资额增长较慢的不足，商大于工这一难以治愈的顽症应是主要原因。

还应该说明的是，1916 年袁世凯因复辟帝制而在国人的唾骂声中死去，从此各路军阀连年混战，中国进入兵荒马乱、政局动荡的近代最黑暗的时期之一。不但北洋政府的经济法规建设几乎完全停顿，袁世凯政府时期已有的经济政策也成为一纸空文，保息、裁厘免税等措施根本得不到实施。它们已不具备政策的效用，而只是民族资产阶级努力和幻想的记录和反映。军阀大战对社会经济的破坏和对工商业者的征敛，更给民族工业造成了直接的障碍和灾祸。

8 机不可失，时不再来

1914年12月5日，北洋政府农商部在严令各省维护工厂的长篇通饬中，曾一再强调"欧战"期间"通商惠工，在此一举"，"机不可失，稍纵即逝"。其实，当时举国上下尤其是身处商战第一线的工商业者，都充满了这种抓住机遇的紧迫意识。所以，才会有大战期间民族工业的突出发展。尽管发展中有着这样那样的局限和不足。

然而好景不长，民族工业宏图未展，战争旋告结束。经过重新排队的帝国主义势力，纷纷卷土重来。1920～1921年资本主义世界爆发严重的经济危机，又使得这一反扑越发变本加厉。反映在中外贸易上，1920年出口锐减，进口净值由1919年的6.4亿海关两猛升至7.6亿海关两，1924年更递增到10.1亿海关两。中方入超1919年仅为0.16亿海关两，1920年跳升到2.2亿海关两，1921年突破3亿海关两，此后便居高不下。日、美、英等国大量的商品倾销，夺走了民族工业大片的国内外市场；而此时国内的军阀混战已是经年累月、愈演愈烈，战争对生产的破坏和政府的横征暴敛，促使民族工业的产销全面告急。以棉纺织业和面粉业为例。1920年一包纱可获利65元左右，1921年则亏本20元以上。由于产品滞销和跌价，纱厂经营开始由赢利转为亏损，被迫停工减产。经中国纱厂联合会两次决议，至1923年3月已宣布停工50%。

面粉工业在经历1918~1921年连续4年出超的黄金时期后,1922年开始进口突增、出口猛降,每年入超达数百万担。一些实力雄厚的大企业,如茂新三厂,福新二、四、八厂都因原料销路两缺而被迫停工减产,中小企业更是朝不保夕,宛若风前残烛。

壮心不已的张謇曾挪用大生一、二纱厂的大量资金,用于创建新的企业和事业,希望以南通为基地"建设一新世界雏形"。但是,当洋纱再次潮水般涌入时,大生系统在重击下迅即溃败。1922年底,大生一、二厂结算亏损各达39万余两和31万余两,从而引发了大生企业集团的全面危机。1926年7月17日,74岁的张謇憾然长逝。大生集团作为民族工业的杰出代表就此土崩瓦解,成为历史的遗迹。

1922年以后,因第一次世界大战而出现的民族工业各行业的、特殊条件下的兴旺繁荣,已如黄鹤杳然离去的楼阁,在金晖消退之后便隐没于暮色与烟波之中了。

四　顶峰与坎坷

1 顶峰景象与曲折来路

1936年，是包括民族工业在内的中国资本主义发展的顶峰。1937年7月7日抗日战争全面爆发后，再未能达到同样的总体水平。

1936年中国工农业总产值为256.5亿元，比1920年增长了55%。其中，农业总产值增长38.2%，工业总产值增长79.1%，交通运输业总产值增长132.5%。工矿和交通运输业等资本主义新式产业总产值为39.8亿元，占总值的15.5%。如果将新式工场手工业计算在内，资本主义经济共有产值61亿元，在国民经济中所占比重为23.8%。此外，粗略估计当时农业中资本主义成分约占农业总产值的10%。这就是1936年中国资本主义的发展水平。单就近代工业而言，工业（含矿业）总产值97.3亿元中，近代工业产值为28.3亿元，较1920年增长220.6%。近代工业产值占工农业总产值的11%，占到工业部门总产值的29.1%。这些数据表明，中国经济的工业化程度和工业的近代化程度，是有所提高的。

　　1936年全国（关内与东北合计）产业资本总额为99.9亿元，为1920年的3.87倍。总额中外国资本57.2亿元，本国资本42.7亿元，其中国家资本22.2亿元，民族资本20.5亿元。当时日本帝国主义在东北建立伪满洲国，造成关内外情况的不同。如不包括东北，则关内产业资本总额为55.4亿元，其中外国资本19.5亿元，国家资本近19.9亿元，民族资本近16亿元。本国资本较多地超过了外国在华企业资本。单就工业资本而言，三者分别为14.5亿元、3.4亿元和14.4亿元，民族资本已与外国资本不相上下。如包括东北，则由于日资的掠夺性扩张，本国资本重新少于外国资本。单就工业资本而言，外国资本25.3亿元，国家资本5.7亿元，包括东北华人民营工业在内的民族资本近18.9亿元。1936年全国民族工业资本是1920年的4.2倍，也是近百年民族工业资本额的顶点。

　　工业资本之外，1936年民族资本中交通运输业资本为1.5亿元，商业资本约为42亿元，金融业资本约为21.4亿元。

　　1920~1936年，民族工业的发展又经历了南京国民政府成立、东北沦陷、资本主义世界经济危机等重大事件。受抵货运动、政局变动及市场和价格等内外部因素的影响，民族工业的发展呈现波浪形的曲折发展态势。大致在1921~1922年，国外银价下泄导致贸易增进，加上五四抵货运动，民族工业得以维持。1923~1924年银价回升，物价下跌，导致市场经济萧条。1925～1926年因五卅抵货运动支持和工农业产品差价扩大，工矿业经营顺利。1928～1931年，银价连续4年下跌的同时，资本主义世界爆发经济危机，国内物价上升，民族工业大获发展。1931年后中国经济陷入空前的危机，至1935年政府实行废除银本位的币制改革，经济又从危机中缓慢复苏。在这一发展与停滞相交替的复杂过程中，20、30年代之交的数年间是突出发展时期。因银价与汇率影响甚大，不妨称之为继黄金时代之后民族工业发展的白银时代。

据不完全统计，1921～1927年7年间新设企业为936家，平均设立资本为24.9万元，1928～1934年7年间新注册企业为984家，平均注册资本为31.6万元。总计白银时代前后新办企业1920家，新投入的资本额为5.4亿元以上。其中绝大部分为民族资本工业企业。与1914～1920年相比，本期设厂数和平均规模基本相当，只是由于低潮迭出，平均年增长率稍逊于前期。其中20年代的情况略胜于30年代。

棉纺织工业由于前期的厚利导致设厂热潮，但各地纷纷订购的机器设备大多在欧战结束后才开始从国外运回，所以设厂高潮延续到本时期初。上海永安厂、无锡申新三厂、天津裕大厂等较大的棉纺厂，都是在1921～1922年两年间建成投产的。两年间共有29家纱厂投产，增加纱锭78.9万枚。1923～1924年的棉纺织业一片萧条，仅增设两厂计17万枚纱锭。1925年由于五卅运动抵制日货，市场呆滞有所转机。又经过1928年济南惨案后的抵制日货运动，至1929年共增设纱厂

14家，纱锭52.3万余枚。30年代后陷入改组、出租和出售的旋涡，至1936年增设9厂，纱锭仅增15.7万枚。1936年，民族资本棉纺织业90家工厂拥有纱锭274.6万枚，布机2.55万台，资本总额为1.7亿余元，比1921年分别增加了1.2倍、2.8倍和0.75倍。30年代，棉纱进出口呈现净出超的可喜局面。

一战之后日本在华纱厂急剧扩张，其中有日军侵占东三省并进逼华北的变故。1936年日资纱厂纱锭数已接近华商厂，布机数和资本额则逐渐超过了华商厂。棉纺织业中除大生早衰外，申新、永安、华新、裕大华等民族资本集团，正是在与外资势力的抗争中成长壮大起来的。

面粉业在民族工业中的重要地位仅次于棉纺织业，但本期发展比上期远为逊色。1921～1936年共新设面粉厂145家，资本3413.9万元，日产能力27.3万包。但是同期停产歇业的工厂达116家，计资本2155.4万元，日产能力19.28万包。相抵后1936年面粉厂实存152家，厂家增多29个，年均不到2家，日产能力增加13.9万包。推算生产能力的年增长率，1921～1930年为4.5%，1931～1936年为-0.12%，全期仅为2.5%。这一时期华商面粉业受到进口洋粉和洋麦的交替冲击。20年代洋粉大量涌入，1929年净进口达3300多万包，占到华商厂产量的30%。1930年后又变为洋麦大量进口，1931～1933年年均进口量都在1800万关担以上。在帝国主义商品倾销和转嫁危机的侵略行为下，民族资本企业集团奋力挣扎。孙氏通孚丰集团的上海阜丰面粉厂，因技术设备改进和稳健的经营被誉为远东第一厂。荣家集团中茂新福新系统虽然地位退居申新纱业系统之后，但仍坚持发展到1930年。

机器缫丝业经一战期间无锡产区在低潮中悄然兴起，变为集中在上海、广东、无锡三地。战后欧美丝织工业的恢复和1923年日本关东大地震，有利于华丝的生产和出口。1920～1930年无锡新建丝厂38家，丝车1万多部。1928～1930年上海新建丝厂15家，丝车3858部，白厂丝出口量1928年起开始超过广东。广东丝厂则因设备落后和经济保守，在本时期走向衰落。1929年是机器缫丝业鼎盛的年份，沪穗锡三地加上江浙地区，四川和山东等省，开工厂数在300家以上，丝车116895部，全国厂丝产量14.7万担，由上海和广州出口的白厂丝为10.9万担。进入30年代，由于世界性经济危机、制丝技术改进和人造丝冲击真丝市场，丝厂纷纷因亏损而倒闭。

卷烟业自诞生以来，始终处于与外商英美烟草公司的竞争之中。1922年，英美烟草公司与买办郑伯钊合组永泰和烟草公司，利用中国商人建立遍布城乡的五级销售网。在它的竭力倾销下，1920～1924年民族卷烟工业跌入低谷。上海兴业、振华等6家烟厂相继倒闭，南洋兄弟烟草公司的赢利额也由480万元锐减为48万元。上海作为卷烟业重地，1922年和1923年没有一家新厂开设，而外烟占据了卷烟市场的90%。1925年五卅运动沉重地打击了英美烟草公司，至1928年上海新设烟厂118家。南洋兄弟烟草公司着手改制高级烟以替代洋烟,赢利回升。开办于1920年的上海华成烟草公司陆续设立3家分厂,4年间赢利达446万元,成为仅次于南洋的大厂。1925~1928年是民族卷烟工业的鼎盛时期。1928年后,英美烟草公司为避洋烟之名,改名为颐中烟草公司。到1936年它在华设有10家卷烟厂、6家烤烟厂以及印刷、包装材料和机械厂等,资本达21554万元,年销60余万箱,超过了华商卷烟业的全部实力。同时,民族卷烟业由盛而衰,上海华商烟厂到1936年只剩下44家。颐中烟公司在卷烟市场上,在销售量、卷烟档次和销售价值等方面,都居于优势地位。民族卷烟业则依赖因卷烟普及而不断扩大的市场,依靠主销乡村的低档卷烟的生产而继续维持。

火柴业1921~1927年增设48家工厂,但由于瑞典火柴取代日本火柴,并出现了倾销,新老工厂纷纷停业。1931年,瑞典火柴托拉斯在上海组成美光火柴公司,改商品倾销为就地产销。同时,华商火柴厂因盲目发展、生产力过剩、价格下跌等原因而陷入困境。严峻的形势迫使华商走向资本集中和联营。1934年,刘鸿生的大中华火柴公司已先后兼并和收买了10个厂家,拥有资本365万元,年生产能力达15万箱。1935年,经刘鸿生倡导在关内成立了中华全国火柴产销联营社,议定每年的总产量。据政府统计,1935年开工的华商火柴厂有92家,另有30多家处于停工状态,年生产能力为182.7万箱。大中华公司之外,北京丹华、济南振业等资本在100万元以上的大厂,也具有一定的竞争实力,显得较为突出。

106

水泥业在本时期发展较快，最引人注目的莫过于三家水泥公司之间长达10余年的水泥大战。水泥是舶来的建筑材料，所以早年称为洋灰，后又有音译为士敏土者。它成本低廉、易于制造，周学熙经办的唐山启新洋灰公司多年来得以独占国内市场。1923年，刘鸿生创办的上海华商水泥公司、姚新记创办的南京中国水泥公司相继投产，所产象牌和泰山牌水泥，立即与启新的马牌水泥在需求不旺的战后市场上展开跌价角逐。1925年，启新与华商签订了为期5年的联业合同，协定产量、销区和价格。目的在于对外抵挡同样供过于求的日本水泥，并对内排挤中国公司等规模较小的水泥厂。不料1927年中国公司收购了太湖水泥厂的全部设备，日产量由500桶一跃而达到2500桶。于是三家反复协商达成联营，但在销区分配问题上依然矛盾重重。不久市场转旺，中国公司马上变卦，再次招致启新和华商的联合进攻。双方价格跌幅最高时达到30%以上，结果是两败俱伤。1931年三家订立为期一年的联营草约，满期后则陷入各自为战的全面混战状态。1935年后华商、中国公司先后尝试联合启新以对付第三家，均因分歧告吹。此时颜惠庆1935年创办的南京江南水泥公司即将投产，于是1936年2月以启新和江南为一方，以中国为另一方订立分配产额的联业合同，一直持续到抗战之后。水泥大战充分显示了民族工业发展中同业竞争的激烈程度，竞争促进了资本集中和联营，各大公司的资本额和生产能力也随之增加。据对启新、华商、中国及华记（原大冶）、广东士敏土厂及广州西村6家水泥厂的产量估计，1932～1935年间是民族资本水泥工业的最盛期，年产量都在60万吨上下，比1920年增加2.6倍左右。

电力工业的发展最快。1929年全国民营电厂达523家，1936年关内实存415家。发电容量的年增长率，1921～1930年高达20.37%，1931～1936年降至13.21%，全期平均为18.24%。1936年关内民营电厂的发电容量为32.7万千瓦，已大大超过外资电厂的27.5万千瓦，官营电厂则已微不足道。

化学工业本时期在作为基础化工的酸碱制造，以及橡胶、医药、化肥、油漆、染料、漂白粉、碳酸钙、电石和化妆品等日用化工生产方面，都继新兴之后有所扩展。

规模最大的制酸厂为上海的天原电化厂（1929）和开成造酸厂（1932），其次为总公司都设在天津的渤海化学工厂（1926）、得利三酸厂（1929）和利中硫酸厂（1933）。另外，在上海、成都、西安、广州、梧州、太原等地有一些中小型制酸企业。1936年硫酸、盐酸和硝酸的进口量由20年代末的6000余吨降至1680吨。制碱工业以范旭东创办的塘沽永利碱厂最为著名，1936年时能年产纯碱56297吨、烧碱4517吨。较大的厂有渤海化学工厂、兴华泡花碱厂和天原电化厂、开源公司，此外四川、广东等省有一些小厂。原来一直垄断中国市场的国际化工托拉斯——英商卜内门公司（后改名为帝国化学工业公司），先后采取投资利诱、跌价竞销等手段，企图控制和挤垮永利化学工业公司。永利经过顽强的抵抗多次渡过难关，继而猛烈反击。它利用日本三井与三菱两大财阀争霸的时机，委托三井在日本代销，使永利的红三角牌纯碱冲破卜内门蛾眉牌纯碱的垄断，很快打开了市场。卜内门公司因得不偿失，不得不与永利达成妥协。据统计，1936年中国工业酸、碱类制品的自给率已分别达到88.8%和85.1%。

1933年，范旭东在浦口筹资900万元创办南京硫酸铔（化肥）厂，该厂历时5年于1937年2月建成投产，日产硫酸铵160吨、硫酸112吨、硝酸10吨及合成铵39吨，成为近代中国最大的综合性化工企业。中国的化肥工业从无到有，开始有望实现自给。到1936年，西药制造业中心上海共有药厂58家，资本总额289万元，年产值856万元。其中除五洲固本皂药厂外，生产"艾罗补脑汁"的中法药厂、由生产"十滴水"起家的新亚药厂和收买德商的信谊药厂较大。到1931年，全国共有橡胶厂约70家，其中上海48家，广州21家。橡胶工业利用国外生胶跌价的形势，主要生产胶鞋和其他日用橡胶品。30年代后因市场萎缩而陷入困顿。制药、橡胶等业的发展同样遇到英商祥茂、邓禄普公司的排挤和打击，也出现了资本集中的现象。

矿冶业中民族资本经营的煤、铁等采冶业，本时期发展甚微。1936年，机械、车辆、船舶、染料、钢铁、石油、汽油等工业制品的自给率均不到25%，其中钢铁、石油汽油仅为5%和0.2%，几乎完全不能自给。重工业的欠发展成为民族工业的跛足，它对矿业产品的需求少加上极低的自给率，则是矿业发展水平低下的突出反映。

航运业 1935 年全国有大小船 3895 只，计 67.5 万吨，其中大部分为民营。船业巨子虞洽卿从 1909 年宁绍轮船公司起家，到 1936 年成为仅次于国营招商局的航运业资本集团。三北、宁绍和鸿安三家轮船公司共有大小船及拖船 65 只计 9 万余吨，行驶宁波至上海、长江和沿海航线，还不定期远航日本和南洋。虞洽卿曾自我估价说："重庆民生公司、烟台政记轮船公司、上海三北公司为中国三大民营航业。"卢作孚 1926 年以 8000 元实收资本创办民生实业公司，到 1937 年，已拥有轮船 46 只计 1.8 万余吨，资本增至 350 万元，基本上垄断了长江上游的轮船运输，同时投资创办了 15 家企业，成为最大的民营航运业企业，抗战后有更大发展。卢作孚和民生公司是民族资本航运业的代表和骄傲。

2 国货与精品

国货是相对于舶来洋货而言的本国工业产品，经过历次反帝爱国的抵制外货运动而发展起来的民族工业，逐步形成了自己的结晶——国货精品。

第一次世界大战期间是国货的黄金时代，国货的荣枯被视做民族经济兴衰的标志，提倡、维持和振兴国货成为时代的主旋律，提倡国货之声不绝于耳。1915 年 1 月，在政府的组织下，中国工商界积极参加了美国为庆祝巴拿马运河开航而在旧金山举办的巴拿马国际博览会。该会在当时又被称作巴拿马赛会、万国博览会。会上中国18个省提供了2000吨展品,共获得大奖57项,名誉优奖74项,金牌258枚、银牌337枚、铜牌258枚,奖状227份。总计获奖1211项,大奖和优奖数居参赛各国之首。同年10月,又在北京举办全国性的国货展览会,由物产品评会对各地货品评优设奖。从这些博览会上涌现出来的国货精品,有的至今光彩犹存。

20世纪二三十年代的五卅运动和济南惨案后的抵货运动,同样成为民族工业发展的有利背景。"火柴大王"刘鸿生在回忆录中坦言:"真正使我第一个企业成功的主要原因,是那时的爱国运动推动了这个企业的发展,因为当时每个人都愿意购买国货。"精品国货因此获得了更为广阔的基础和来源,专售国货的商业企业也日见发达。1923年,天津工业售品所改名为天津国货售品所,并陆续在天津、北京、河北、山东、河南、山西、陕西等地设立分所。1933年,上海中国国货公司在南京路正式开业,南京、郑州、西安、重庆、昆明、贵阳、桂林、汉口、成都、长沙等地也相继成立了中国国货公司。1934年著名的上海永安公司专辟了国货商场,继而筹建了规模宏大的永安国货公司。

国货精品产生于各个行业,这里提供的是一些例子,如棉纺织业中申新厂的人钟牌、永安公司的金城牌棉纱和大鹏牌细布,面粉业中茂福厂的兵船牌和阜丰厂的炮车牌面粉,缫丝业中无锡乾甡厂的三跳舞牌、金双鹿牌生丝，针织业中上海萃众毛巾厂的钟牌414毛巾和三友实业社的三角牌西湖毛巾，卷烟业中南洋兄弟公司的喜鹊牌（又名双喜）、飞马牌和华成公司的美丽牌卷烟，酿酒业中的张裕葡萄酒和杏花村汾酒，食品业中泰丰、泰康和冠生园三厂多达百余种的听装饼干和罐头食品，造纸业中天章厂的道林纸和江南厂的连史纸，新式制瓷业中江西景德镇的仿古瓷和湖南醴陵的釉下花瓷，水泥业中的象牌、马牌水泥，机电业中的华成电机、华生电扇，化工业中天厨的佛手牌味精、永利的红三角牌纯碱、家庭工业社的无敌牌牙粉、开林公司的双斧牌油漆、五洲厂的固本肥皂，以及艾罗补脑汁、十滴水、百龄机等药品，还包括一些传统手工工艺美术性较强的产品，如杭州张小泉剪刀，都锦生丝织厂的丝织风景等。

　　精品生产厂多是本国同行中善于经营、勇于改造和竞争性强的厂家，而精品则是同类产品优胜劣汰的结果。另一方面，国货精品几乎无一不是在与外商洋货不断斗争中发展起来的。上文已经话及双喜卷烟和永利纯碱不屈不挠的抗争，"抵羊"、"擒鹰"等国货商标的定名则更令人一目了然。天津东亚毛纺厂的宋棐卿用"抵羊"作为该厂一种优质毛线的品牌，具有抵制洋货的含义，因此头年出产的10万多磅毛线大受欢迎、畅销一空，很快成为远近驰名的品牌。温州百好炼乳厂的吴百亨将产品商标设计为"白日擒鹰"的图案，与英商生产的鹰牌炼乳针锋相对。这一优质产品在国货博览会上屡次获奖，年销量达2.6万箱。英商为重占失去的东南市场，先后采用了以 10 万元买商标、购置擒鹰牌炼乳待变质后出售等无耻卑劣的手段，但在百好厂的守信经营和广大民众对国货的支持下，其结果只能是适得其反。

南京政府的政策施为

1928 年"东北易帜"象征着南京国民政府统一了中国，中华民国进入一个新的时期。南京政府最初 10 年的统治期间，推行了一些有利于经济恢复和发展的政策措施。对于民族工业而言，影响最大的莫过于税制、币制的改革和工业政策的实施。

从 1842 年《南京条约》开始，共有西班牙、意大利、葡萄牙、丹麦、比利时、日本、英国、美国、法国、荷兰、瑞典、挪威等 12 个国家，迫使中国与之签订不平等条约、实行协定关税制度。南京政府于 1928 年 6 月着手争取与各国签订新条约，到当年 12 月已有 11 个国家承认了中国的关税自主权，南京政府据此颁布中国第一个国定关税税则。1930 年 5 月《中日关税协定》签订，中国关税自主清除了最后一个障碍。1930 年、1933 年和 1934 年，南京政府又先后三次修订国定税则，确定了 5%～80% 共 14 级的进口税率，实现了中国关税权的完全独立自主。

政府三次修订税则，首先是对国内工业所需原料和机器设备，以及国外轻工业品的进口，分别维持低税率和实行高关税。在增加税收的主旨下，兼顾到了产业保护堡垒的需要。如1930年第一次修订国定税则即提高了火柴、瓷器、糖、水泥、玻璃、肥皂、化妆品、丝、人造丝及毛织物的进口税，1933年第二次修订国定税则又降低了机械、机具、化学染料、轻工原料等的进口税。其次，是对棉花、棉纱等大宗出口物品予以减免关税待遇，鼓励国货外销。关税自主政策实施后，减缓了30年代起中国外贸出口下跌的趋势。1929~1932年外贸出口总额由6.5亿美元跌至1.6亿美元，1936年又回升到2.09亿美元。同时外贸输入额大为减少，1913~1936年由4.87亿美元降至2.79亿美元。进口货物的轻重结构发生变化。如1934年机械进口值超过5900万元，跃居进口货物的首位。1931~1936年，中外贸易入超额由1.78亿美元降至0.7亿美元。关税自主实行过程中，中国近代工业产品总值由1933年的22.1亿元增加到1936年的28.3亿元。

厘金是民族工商业者切齿痛恨的恶税，自晚清以来就不断有裁撤厘金的倡议，但晚清和北洋政府都无力实行。1931年1月1日，南京政府将1927年颁布的《裁撤国内通过税条例》正式付诸实施。政府下令从即日起全国厘金以及由厘金变名的统税、统捐、专税、货物税、铁路货捐、邮包税、落地税，还有正杂各税捐中有厘金性质者，全部裁撤；海关50里以外的常关税、内地常关税子口税、复进口税等，也一律废止。1931年6月，又将海关50里以内的常关税予以裁撤。至此肆虐近80年的以厘金为主的变相捐输和通过税，终于得到废止。南京政府为保障财政税收，同步进行了开办统税的改革。1928年1月正式公布《统税实施条例》，对消费量巨大的大宗工业制品和农产品，依照"一物一税"的原则统一征收一次性的出产税。到1936年，除云南、青海、新疆、西藏等地外，全国各地基本上都开办了统税。征收统税的产品扩大到卷烟、麦粉、棉纱、火柴、水泥、薰烟、啤酒、火酒、机制酒等9类，其中前5类称为五大统税。

1931年3月，南京政府公布《盐法》，将各省盐税附加一律划归财政部统一核收整理。继而又在全国划一税率的基础上，将名目繁杂的盐税项目归类合并为正税、销税和附税三种。由宋子文主持的税制改革，还包括整理田赋、举办所得税、整理印花税和烟酒税等方面的内容，不仅增加了政府以关税、盐税、统税为大宗的财政收入，而且使得全国税收条理分明并适量减轻。另据调查统计，到1934年10月，各省废除苛捐杂税达1000多种，合计税额近1000万元。

南京政府的币制改革是从废两改元开始的。30年代前中国的货币不论是用材、币式还是发行、流通，都到了极其混杂、紊乱的地步，国人的日常生活和工商活动无不深受不便之苦。北洋政府曾有废两改元之议，但"袁大头"银币的铸发只算迈出了一小步。南京政府经过5年的酝酿，于1933年3月1日由财政部发布《废两改元令》，同日中央造币厂开始铸造统一标准的新银元作为本位币（因正面为孙中山半身像而俗称"孙头"币），以1银元折合规元银7钱1分5厘的换算率替代银两。经在上海试点实施后，4月5日决定向全国推行。废除延续千余年的银两制度,并统一货币,这一举措本该大有希望。但是,当时正值国际银价剧变不定,美国为转嫁经济危机实行《购银法案》。南京政府无法阻止白银的大量外流,致使工商凋敝、金融恐慌,而且使废两改元难以推广。在英美拒援和日本威逼的危急形势下,南京政府决定利用已经建立起来的"四行二局"国家金融体系,进行币制的根本改革,禁止白银流通并用纸币取代银元。1935年11月4日凌晨,财政部长孔祥熙紧急宣布实施法币政策。财政部《法币政策实施办法》规定从即日起,以中国、中央和交通三家银行(中国农民银行后加入)发行的钞票作为国家法定货币——法币,公私持银应限期向国家兑换为法币。

法币改革是近百年最彻底的一次币制改革。中央集中发行和货币的统一,废弃银、金本位制,结束了长期以来币制世所罕见的紊乱局面,是币制发展的巨大进步。法币政策实施后,外贸回升、物价上涨,对农工商各业不但有着即时的刺激效应,还潜藏着长远的促进作用。法币政策与税制改革一样,显示出南京政府相对于近代以往政府的强大和积极主动性,是摆脱危机和保持1936年前社会政治经济局势相对稳定的有力手段。应该指出,法币采用与英镑、美元挂钩的"汇兑本位"制,存在缺乏独立自主的缺陷;而且法币不能兑换成硬通货,发行额不受准备金不足的限制,潜藏着通货膨胀的隐患。在抗战结束后迅速导致了举世罕见的恶性通货膨胀和"民国万税"的灾难。这是由中国半殖民地的社会性质和国民党政府的反动本性所决定的。但是，在属于"后话"的灾难到来之前，货币和税制上的政策措施对于民族工业从危机中复苏，还是有积极意义的。

南京政府的工业政策，与20年代末30年代初民族工业的白银时代，有着更为直接和密切的关系。

1928年和1930年国民党中央通过《建设大纲草案》和《实业建设程序案》，明确提倡和鼓励私人兴办工业企业。即使是重工业，如果能由私人投资兴办，政府也应"奖励协助，并予以确切保障"。1929年和1932年由政府颁布的《特种工业奖励办法》（后改订为《工业奖励法》）和《现行奖励工业技术暂行条例》，用减免出口税、原料税、运输费，给予奖励金及专利权等方法，奖励技术和产品的创造发明、技术设备的改造和产品质量的提高。1931年实业部颁行《小工业及手工业奖励规则》，对改良和采用先进工艺生产高质量产品的私营小工业和手工制造业，给予税费优惠并发给褒奖匾额。30年代初的危机时期，政府实业部还对丝织、棉织业及少数较大的私营企业，实行了一些扶助和救济措施。

4 价格机制与市场因素

本时期民族工业曲折复杂的发展路途，除受到抵货运动、外企压力和政局变动的影响外，还深受国际银价和汇率变动的制约。中国是当时唯一采用银本位制的国家，又是白银依靠进口的非产银国，所以银价与汇率的同步变动完全听命于国外，进而严重影响到中国进出口贸易的商品结构。加上外国洋行作为贸易机构的垄断性能，出口商品在国际市场中更加丧失了主动权。由此，造成了中国进出口贸易的价格机制长期听凭国外因素操纵的局面。同时，国内商品特别是工农业产品的价格机制，也连带地与在通商口岸集中进行的进出口贸易亦步亦趋。这就是世界资本主义体系下，中国长期陷于殖民地色彩浓厚的"口岸经济"状态的典型表现。

1919年纽约银价升至每盎司1.121美元的最高峰，至1921年跌落到低点，1921~1928年时升时降。银价的断续下降使中国出口物价回升，作为贸易条件的出口品购买力增强，开始由大战期间中外贸易不等价交换的痛苦输出中解脱。但是由于中国出口商品的结构，使农产品价格上升快于工业品，反而造成1923~1924年工业萎缩和工业品市场萧条。银价连续波动又使工农业产品差价于1927年后扩大，工矿业经营转顺。1928年起银价连续4年下跌，1929年世界经济危机又使各国物价下跌，同时中国国内物价上升，工农业产品差价猛烈扩大，成为民族工业在白银时代发展的价格依据。1931年起列强将危机转嫁中国，英镑、美元贬值而银价、汇率猛涨，外贸出口锐减。1934年美国"购银法案"更是火上浇油，致使1932~1937年共流失白银12.4亿元，同时资金外逃、出口锐减，中国陷入物价剧跌、农村破产、工业倒闭的经济危机，直到

1935年政府币制改革后才摆脱银价危机。

1920~1936年，银价、汇率的起伏对于进出口商品价格的影响，总的看来是不利于中国工业品出口的。即使在有利于工业发展的短暂时期，也是以工农业产品价格剪刀差扩大，从而剥削农业为条件和代价的。这对于一个农业大国来说，不但损害了整个民族经济，还对已是跛足而行的工业部门的基础，不断地给予猛烈的打击。

国内市场上工农业产品的价格机制，与进出口商品的价格构成基本相同。工业品的价格水准是在通商口岸由外国商品的到岸价格所决定的，它们经过批发、转运、零售各个环节销往内地和农村时，都要加上运销费用、商业利润、利息、捐税等，所以它们是逐级加价的；由农村和内地流往通商口岸的农产品和农产加工品，往往比工业品经过更多的中间环节。它们的价格水准已由通商口岸这一头决定，在流通中要扣除运销费用、商业利润、利息和捐税等，因此它们是逐级压价的。

当时的商界中人大都知道，不仅缺乏关税保护、进口替代型的工业产品价格取决于国外市场，而且在农产品和农产加工品中，也是茶价决定于伦敦，丝价决定于巴黎（后是纽约），棉花和小麦的价格受纽约棉花市场和芝加哥小麦交易所支配。这种机制不仅造成了本国工农业产品价格与价值的不等，而且导致国内商业和市场的畸形，即使是在商业颇见繁荣、市场规模扩大的本时期。"口岸经济"的特点使它无法抵抗世界性经济危机的涡流，毫无政府补贴和投入的农业更是如此。1931年起的中国经济危机，就是从农村金融枯竭、农业危机开始的。它不同于资本主义国家生产过剩的周期性危机，而是由城乡购买力绝对下降所导致的市场危机。1931年遍及16个省、灾民达5000万的长江大水灾，加剧了农村的破产，同年九一八事变后东北三省大片国土沦丧，再次夺走民族工业的重要原料来源和广阔市场。在恐怖气氛中，民族工商业者只能尽力减少损失，期待关税自主后的缓慢复苏。

5 规模经济与经营管理

这一时期民族资本企业集团的发展，前面已经话及。其原因一方面是国内同行间的竞争，另一方面是帝国主义的经济侵略和压迫，在本期由商品倾销转而以外资企业对华商企业的排挤和打击为主，关税自主税率提高后尤其如此。一些华商企业采取规模经营的先进方式，在原料采购、资金筹措和市场开拓等方面争取主动、占据优势。它们是民族工业发展的代表，也是中国资本主义出现资本积累与集中的范例。

但是，1921～1936年16年间新设厂数和平均规模，与1914～1920年7年间基本相当，年增长率则低于前期。尤其是南京国民政府1927年建立后，企业投资规模趋于分散和缩小。据政府对登记设立的工厂的统计，平均每厂资本由1928年的47万余元，递减至1933年的16万～17万元，抗战之后更趋微小。抗战前上海一些行业工厂的平均规模，翻砂业为8050元，棉织业为73329元，丝织业为19101元，缫丝业为42100元，针织业为32127元。另据对一些大型工业企业的调查统计，其组织形式以合伙、独资为主，新式股份公司形式只占很小的比例，而且家族及地方色彩浓厚，因而大范围资本积聚的条件十分欠缺。这说明，民族资本工业企业的资本积累与集中并未达到普遍和加速的水平，在总体上始终没有摆脱规模细小和分散的特征。也就是说，民族工业相对于外资企业和官办工业（早期和后期），基本上处在规模不经济的状态。从这个意义上讲，少数企业集团的出现带有相当的超前性。即使这样，企业集团形成过程中的联营和兼并，也主要表现为资本系统的联并，各企业生产和资金规模的增扩，远落后于所属企业数量的增加。

在民族工业的各个发展时期，都可以见到大量小型工厂旋生旋灭的现象。其原因就是在个别行业利润刺激下，投资的盲目、投资领域的狭窄以及资力的薄弱。一拥而上的虚假繁荣易于时过境迁。所以，寿命的短暂和超乎寻常的高死亡率成为民族工业企业的特征之一。典型的例子是1921～1936年的面粉工业，145家工厂开张志禧的同时，竟然有116家关门大吉。据1953年对20个主要行业的12298家雇工在16人（含30人以上的手工工场）以上的私营工业企业的调查，1949年后建厂的占40.2%，1946年后建厂的占60%，1937年后建厂的占81.6%，而1928年前建厂的只占8.2%，1913年前建厂的幸存者更少到仅占

2.4%。

　　白银时代中民族工业的创办者或经理人，已经属于第三、四代资本家。他们多是受过高等教育，既掌握新式技术，又熟悉资本主义企业经营管理的通才。例如化学工业中，范旭东曾在日本京都帝国大学攻读化学，吴蕴初曾在上海兵工专门学校学习化学（后回校任教），方液仙毕业于上海中西学院；又如毛纺业巨擘宋棐卿曾在美国攻读商科，猪鬃大王古耕虞毕业于上海圣约翰大学，天津利生体育用品公司的创办人孙润生是南开学校的教员，民营银行的骄子陈光甫也曾留学美国；还有一批曾在实业进步的外国细心观摩学习的归国华侨，如陈嘉庚，郭乐、郭顺兄弟和蔡兴、蔡昌兄弟；等等。他们在经办实业的过程中，十分注重招揽和培养现代经济、技术的专门人才。如范旭东与侯德榜相交莫逆，帮助发明了具有世界先进水平的"侯氏制碱法"，刘鸿生不惜以每月千元的高薪聘请专家林天骥，使安全火柴的生产大获改进。范旭东和吴蕴初分别开办黄海化学社和中华工业化学研究所、清寒教育基金会、化工图书馆，陈嘉庚创办集美学校和厦门大学，荣家开设公益工商中学和申新职员养成所，卢作孚的民生公司则享有"社会大学"的美称。这些教育和科研机构，直接为民族工业提供了一批批技术骨干和管理人才。此外，像荣家和"同仁堂"乐家这样的工商世家豪门，还不断选送后代到国外留学，以期后继有人、青出于蓝。

　　实践、经验和理论的结合是这一代民族资本家的崭新面貌。穆藕初、卢作孚二人，在现代经营管理的理论倡导与实践经验的探求和总结方面，作出了突出的贡献。穆藕初34岁时赴美学习棉业种植、纺织及企业管理，5年内连获农学学士和硕士学位。1914年学成归国先后创办德大、厚生、豫丰等纱厂，成为棉纺业中的模范。除撰写《植棉浅说》并译著《中国花纱布业指南》外，他首次将美国管理专家泰勒的名作《科学管理法》译成中文，进而结合自身实践提出了纪律化、标准化、专门化、简单化、艺术化等五个适合中国实际的经营管理原则。他还在企业布局、组织形式、管理制度、融资方式、技术改造和原料改良等方面，进行了大量不懈的探索。卢作孚是博学多闻的自学成才者，曾担任过报纸的主笔和总编。他投身实业界后逐鹿川江、抗击外轮，抗战前民生实业公司除在航运业中称雄于长江上游外，还拥有15家各行企业。卢作孚著有《工商管理》一书，结合自己的成功经验总结出一套适合国情的经营思想和管理方法。他还受聘在重庆大学等地授课，将经营管理的新风推向全社会。

经营管理的进步首先表现在技术设备和生产管理的改进上。民族资本棉纺织业20年代末开始改进技术装备，申新等一些大纱厂添换了大牵伸细纱机，改用自动或半自动布机。30年代初完成工头制的改革，废除了传统的文场、武场头目，总处设科室，车间由工程师管理。到30年代中期，已将劳动生产率提高到与在华日资纱厂基本同等的水平；二三十年代上海及江浙的华商丝厂,也由手工盆煮改用日本长工式或千叶式煮茧机,由意大利式直缫丝车改用自制的或日本丰田式立缫车。电力、电机工业的发展和机器修造业的专门化,便利于企业机械化程度的提高。例如棉纺业就得益于大隆机器厂研制的棉纺机。此外,南洋兄弟烟草公司在日式卷烟机的基础上制成改良车,福新面粉厂自制圆筛设备,大中华火柴厂改进安全火柴制造工艺,都在一定程度上促进了劳动生产率及产品质量的提高。

经营良好的民族企业大都因合理的成本核算而受益匪浅。它们引进国外的经济核算、新式记账法及新式会计制度,作为降低生产成本提高效益的有力手段。前面话及的各大企业集团,在设厂选址靠近原料产地和消费区,企业配套以充分利用能源及原材料,自备运输、仓储、机修手段等方面,显然都具有综合经营的眼光和周密合理的规划。

企业产品的推销技术及办法,则是经营管理中各显其能、生动有趣的部分。温州百好炼乳厂,花费2万元将英商搁置变质的1000箱擒鹰牌炼乳买回,当众全部沉入海港;天津东亚毛纺厂将产品商标定名为"抵羊",都在无形中树立了企业形象和产品形象,是最好的广告。翻阅二三十年代流传下来的报纸杂志,我们可以感觉到商业广告这一现代推销手段,已为当时工商人士运用自如。烟台醉权啤酒厂更是深知宣传方法中别出心裁一条的重要。该厂在上海半淞园举办"寻中国啤酒大会",宣布谁能找到藏在园中的一瓶中国啤酒，就奖给啤酒20箱。该厂又在一些自产啤酒的瓶盖内印有"中、国、啤、酒"4个字，购买者可凭瓶盖领取总额为1万元的奖金。这些方法的确引起了广泛的轰动效应，有助于企业的产品销售并从外商手中夺回部分市场。

本国同行的竞争中，价格大战司空见惯，民族资本家熟练掌握了知己知彼、合纵连横、声东击西、迂回包抄、以小换大等巧妙的战略战术。例如前述启新、中国和华商3家企业在水泥大战中的朝秦暮楚、打打谈谈。又如，宁波的正大火柴厂为抗拒大中华火柴厂的吞并，被迫与之展开跌价竞争。但是正大厂老板徐日廑采用了大张旗鼓宣传、小批少量销售的方法，使财大气粗的刘鸿生损失惨重。徐日廑接着又将正大火柴运到刘鸿生一时疏忽的贵阳、武汉、天津等地，以略低于大中华火柴的价格大量抛售，造成了刘鸿生的腹背受敌、顾此失彼。最终两家通过政府"联营协价"的方式达成妥协。这种以小换大的方法，据说就是多年后才进入高校课堂的，包含了猴子—大象原理的现代商战战略。

6 技术设备与资金困难

虽然民族工业的技术设备较上一个时期有了一定的改进，但是与国外及在华外企比较，民族工业在生产的硬件方面始终处在落后的地步。例如相对最为发达的棉纺织业，尽管一些规模经营的大厂有上文所说的设备更新，可是与此同时，单程粗纱机、超大牵伸细纱机、自动穿扣织布机以至无梭织布机等更为先进的设备，已在外企中广泛采用。大多数华商纱厂无力更新陈旧的设备。据估计，纱机如每周开动48小时且保养得当，使用寿命可达35年。然而华商纱厂每周开机达134小时，纱机减寿至15年。另据1933年对41家华商纱厂的调查，其中各类机器50%左右已超过使用期限，甚至还有1886年制造的纺织机。因陋就简之余难免事故迭出、事倍功半；再如，抗战前上海643家机器厂，共有工具机8509台，其中不足10台的约有420家，拥有60台以上的仅23家；无锡丝厂是缫丝业中的后起之秀，但到1936年45家丝厂中仅有多绪立缫车870部，小筬扬返车536部，其余11596部全是未经改进的老式直缫车。上海丝厂的改良情况还不如无锡，本就设备差、规模小的广东丝厂，则因墨守成规而颓势难挽、江河日下。

与设备陈旧落后相应的是技术力量的薄弱。据新中国成立初期1953年的工商业调查，上海43家私营轧钢厂中仅有2名工程师，制药业中300多名技术人员多是药剂师或化验师，化学工程师仅有9名；其他行业中技术人员占职工总数的比例，日用棉纺织品业为1.6%，金属制品业为1.47%，搪瓷制造业为1.14%，卷烟业则仅为0.5%。

以上条件导致了民族工业劳动生产率的低下和生产成本的提高。为弥补由此造成的竞争能力的欠缺，企业或者延长工时，或者降低工资，也都不能从根本上扭转这种劣势。能够充实技术力量、改进更新设备从而扩大生产的，只有少数企业，它们成了民族工业中的佼佼者。但即使是它们，也不免要受到资金问题的困扰。先从总量上来看，1936年本国产业资本42.73亿元。当年全国人口约为4.5亿，人均拥有9.49元；其中民间产业资本20.48亿元，人均为4.55元。这一水平比1920年有较大的提高，但仍然很低。尤其在民族资本中，产业资本既少于21.4亿元的金融业资本，更不及42亿元商业资本的一半。各行业间不存在平均利润率，封建地租、借贷利率和商业利润一般高于工业利润。所以，有限的社会资金难于流向工业领域。已有的工业投资很多带有借贷的性质，民办企业普遍流行"股东垫款"或"存款"的方式。其利息水平受商业、高利贷资本的操纵，年利一般在12%～14%，有的高达30%，高于银行存款的利息率。每当有利于发展工业的社会形势发生变动时，总有大量的产业投资脱离出来，参加到商业及金融业投资或投机中去。这种社会资金的构成、流动方式和利息率机制，不但是经济落后的表现，而且阻碍了参与生产价值及剩余价值的产业资本的发展壮大，使处于资金困境中的民族工业背上沉重的包袱。

对于企业来讲，由于不能控制市场，在产品经销上大多必须依靠代销商或经纪人。因此，企业不但要将利润分给商人一部分，还要接受商人赊付的难以贴现或出售的期票，这意味着将部分资金让予商人占用。1936年，自有资本总额约2.2亿元的89家较大私营企业，共对外放出资金 6643 万元，就是说占总额 30% 左右的资金脱离了生产领域，企业自己无法使用。

资金困难造成了民族工业企业规模小、设备差的总体特征，致使企业无不大量负债。汉冶萍铁厂、开滦煤矿等含有民族资本的大型企业，因难偿外债而时刻处于被吞并的威胁之下。据统计，1936 年 89 家较大民营企业的负债额，平均占到资产总值的 39.4%，其中金属加工业为 41.5%，棉纺织业则高达 43.5%。1935 年，纱厂的负债利息率高达 12%，而当时银行向企业放款常索取 1 分以上的利息，已经到了丧失理智的地步。1929 年，荣家企业集团的借入资本为自有资本的 4.17 倍，这倒迫使债主在同生共死的前提下不得不临危救难。虞洽卿也因为勇于借债和善于借债而得到"借债大王"的称号。但是，大多数企业在高利率下负债经营，成本居高不下、资金周转不灵的高风险常常随之降临。1917～1931 年间 22 家举借外债的华商纱厂中，只有 1 家清偿债务，5 家结果不明，其余都遭外资吞并。1931～1937 年间 30 家与银行有债务关系的华商纱厂中，12 家因无力还债而被接管，6 家被拍卖或被收买。另据统计，因资金周转不灵而歇业或是改组的民营工厂，在工厂总数中所占比例，在 1934 年到 1935 年的转年之间，就分别由 13% 和 0.2%，上升到 25% 和 2%。当时普遍采用厂基抵押的方式，资不抵债时只能听任宰割，也就无怪乎长期以来的高死亡率了。

7 无以避免的兴衰替继

二三十年代民族工业的曲折历程，上面分别话及了其背景、成因和状况，既存在有利因素也有不利因素，既有发展也有不发展。20年代末30年代初的白银时代划定了民族工业顶峰景象的基本轮廓，随之而来的危机时期无异于暴风骤雨的严峻考验，甚至被许多学者视为民族工业的"破产或半破产"时期。其实，在许多企业悲壮衰落的同时，也有依靠惨淡经营和多方求助挺过难关的强者。在不利的条件下，谁能坚持到最后，谁就能在1936年前后的缓慢复苏中，获得较为有利的位置，显示出作为民族经济支柱的重要价值。

以棉纺织业为例。1925年，大生一、二、三、八厂被拥有债权的银行团接管，次年张謇病故，大生纺织集团宣告瓦解。1928年后北洋政府灭亡，周学熙失去了官方的靠山和官股的支持。有人认为他此时才由国家资本的经办人转化为民族资本家。但是集团内部的各种矛盾和问题也随之暴露出来，1924年成立的实业总汇处已难以控制局面。1931年，日商在华北大肆扩张，华新纺织系统的天津、青岛、唐山、卫辉4厂全部陷入困境。同年华新纺织总公司宣告解散，4厂各自独立登记、另立门户。其后天津、唐山两厂被日商兼并。周学熙资本集团赖以维持的中国实业银行、启新洋灰公司和滦州煤矿，1935年后也陆续被国家垄断资本吞并。棉纺织业中最早兴盛的大生、华新南北两大集团，也较早地走向了衰亡。

荣家资本集团本时期转向以发展棉纺织业为主。除1920年已建成的申新系统3个厂外，1921～1931年又陆续增设申新四至九共6家纱厂。到1931年鼎盛时申新9家纱厂共有纱锭57万枚，布机5304台，年产纱约32万件，布288万余匹。申新的发展主要借助于兼并的手段，如申五为买进上海德大纱厂，申七为收买英商东方纱厂，申九为买进上海三新纱厂，申六先是租办常州纱厂，后交还原主，同时买进上海厚生纱厂改为申新六厂。在1922～1931年增加的32.5万枚纱锭中，有68.4%是收买来的。荣家老板奉行有卖必买的原则，于是必须大量依靠银行贷款，先后向日商、英商汇丰银行、上海钱庄及官营中国银行借款。1929年，借入资金为自有资金的417%。1934年9家纱厂资产总值6800万元，而负债总额达6300万元，同年9家纱厂的厂基已全部抵押出去。申新集团在大量负债且债息极重的情况下，不进则退且无路可退，只能在凄风苦雨中惨淡经营。1934年一、二、五、八厂一度由银行团主持营运，1935年二、五厂也险遭政府棉业统制委员会接管。1936年，申新集团恢复了元气，资产总值达7365万元，牢牢占据了民营棉纺织业1/3的首要地位。

永安集团和裕大华集团资本较为充实，因而能够从事技术设备的更新，切实提高生产效益。这两大集团分别为澳洲华侨和国内商人合伙经办，但内部事权统一较为稳定，加上主办人经营稳健避免投机，所以在有利和不利的时期，都能够不断扩充。其间1933年永安公司的利息负担曾占到全部利润的近50%。至1936年，两家的资产总值分别增加到3197万元和2220万元，其财务状况或资本结构与其他集团比较，也各有所长。

8 种种不平衡与格局变化

1936年民族资本中产业资本总量与人均拥有量的增长，从一个方面反映了资本主义的发展和工业化程度的提高。商业资本占全部民族资本的份额，也由1920年的58.87%下降到1936年的50.55%。由于它是农产品和手工业品商品化的媒介，所以这一增一减意味着自然经济的进一步分解，以及近代产业的相对发展。但是，事实表明中国依然是一个农业大国，产业资本只占民族资本的21.36%。正如马克思所说：生产越不发达，商人资本的比重越大。商业、金融业资本与产业资本的比例，以及"工不如商"带来的资本流向，从资金上扼住了民族工业发展的要害。民族工业所处的种种不平衡略有减轻，但难以消除。

本时期帝国主义经济侵略以投资设厂为主，其工业资本由1920年的5亿元猛增到1936年的14.5亿元（另，关外10.8亿元），超过中国民族工业资本，其中矿冶业近于2倍。尤其是占全国工业品市场15%的东北三省，1931年落入日寇之手后，旨在侵略和掠夺的日资增长极其迅猛。外资企业给华商工厂造成了巨大的压迫和威胁，迫使民族工业依然跛足而行。民营机械、水泥、橡胶、酸碱等重要制造业资本相加共1.15亿元，不到关内民族工业资本总额的8%；即使再加上矿冶业1.1亿元，也只占15.5%。

民族工业在地域分布上极不平衡。第一次世界大战以来，尽管民族资本企业一度向四川、湖南、湖北等内陆省份扩展，但在半殖民地"口岸经济"的总体特征下，全国工厂的90%仍集中在沿海沿江各省市。据调查，1937年前上海、天津、广州3个通商口岸占有全部制造业工人总数的40%，工业资本额的50%以上，全年生产总值的62%。其中上海一地就集中了48.7%的工厂及工业总产值的50%。这种分布的不合理性表现在原料与生产、生产与销售、生产与消费等的关系上。以棉纺织业为例，1921年全国纱锭的41%集中在上海，11%在天津，10%在武汉，而广大的产棉区及消费区附近的纱厂却屈指可数。1936年依然是上海、天津、无锡和青岛集中了华商纱厂纱锭的45%，其中上海一地拥有40%。又如面粉工业，既不靠近麦产区又非主要消费区的上海，却集中了生产能力远远超过当地需求量的大批面粉厂，成为面粉工业的最大基地。中国当时落后的经济条件、政局动荡和军阀割据混战，也阻碍了民族工业的合理分布和进一步发展。

从1931年的九一八事变到1935年的华北事变，蒋介石断定日本全面侵华已迫在眉睫，也深感本国工业轻重失衡、分布偏畸的格局根本不能适应抗战的需要。1934年，蒋介石将国防设计委员会改组为资源委员会，次年拟定五年建设规划，重点开发钨、锑、煤、铁、铜、铅、锌、石油等矿产，建立钢铁、冶金、化工、机械、电气等重工业企业和基地。厂址多集中选择在湖南及其邻近省区。这一规划对于工业结构、地区布局的设计，都有很大的合理性。但是，到1937年为止，资源委员会主管的11家企业中，只有3家属于自建，其余的彭县煤矿、延长油矿、湘乡煤矿、湖潭谭家山煤矿、高坑煤矿、天河煤矿、萍乡煤矿和安庆电厂8家企业，都是由对地方民办厂矿的没收和吞并而来。此外，宋子文通过中国建设银公司投资拥有了扬子电气公司、淮南路矿公司、戚墅堰电厂和首都电厂，并仅以100万元的代价侵占了卷烟业中最大的南洋兄弟公司。接替宋子文任财政部长的孔祥熙及其家族，除在工矿业领域与宋氏上下其手外，更在商业和外贸领域大包大揽。这样一些以私营面貌出现的"豪门资本"企业，是官权与私利的结合，它们与国家资本一样，从一开始就表现出对民族资本的排挤和对近代工业的垄断。

1936年本国产业资本的格局发生了一些微妙的变化。虽然国家资本自清末以来总体上一直处在低增长状态，但在本时期却显露出扩张的势头。尤其是交通航运业，由1920年的5.5亿元，增加到1936年（关内）的16.4亿元，增加了近2倍，而民族资本在这方面则发展甚微。尽管本时期官营工业的扩张和豪门企业的侵夺，还没有对民族工业构成明显的威胁，但无疑发出了危险的信号。当抗战以后资源委员会逐渐成为巨大的工业垄断机构，四大家族的豪门资本获得急剧膨胀的时候，民族资本已经根本不可能再有发展的机会了。

五　风急云乱的八年

经济史上的敦刻尔克

1937年7月7日夜晚，日本军队蓄意在卢沟桥向中国驻军挑起战端，8月13日，日本向上海大举进攻，中国人民艰苦卓绝的八年抗战从此开始。在这一剧变前面中国社会的一切都偏离了原来的轨道。战争不仅使民族工业因集中在沿海沿江地区而遭受重创，而且迫使民族工业开始艰难的大迁徙。有人将这个过程比做盟军从欧洲大陆的战略转移，称之为经济史上的敦刻尔克大撤退。

卢沟桥事变爆发后，在颜耀秋、胡厥文、范旭东、支秉渊、吴蕴初等有识之士的建议和督促下，南京政府决定将战区附近的本国工厂迁往内地，并建立战时后方工业基地。此事先后由政府资源委员会、经济部工矿调整处负责组织，由林继庸主持。政府将内迁工厂分为指定军需工厂和普通工厂两类，其中民营工厂占绝大多数。政府对其搬迁给予免税、免验、减免运费，便利运输和征用场地等方面的优惠和援助。

1940年底，历时3年多的工厂内迁基本结束。据经济部统计，由政府促助迁移的工厂共452家（另据估计，包括自行迁移的全部内迁厂共约600家）。其中机器设备约重12万吨，技工1.2万人。内迁工厂的行业分布，机械工业181家占40%，化学工业60家占13.2%，电气工业25家占5.5%，矿冶业7家占1.5%，纺织工业103家占22.8%，饮食加工业21家占4.6%，文教用品业37家占8%，其他工业18家占4%；地区分布，四川250家占55%，湖南121家占26%，陕西42家占9%，广西25家占5.5%，其他省区14家占3%。

　　日寇悍然全面侵华和战争形势的急剧恶化，使民族工业遭受了空前的劫难。上海作为民族工业的中心，绝大多数工厂因时间仓促和动员组织不力未能迁出。据统计，八一三抗战后，毁于日军炮火的上海工厂达2270家，损失资金总额约8亿元。除上海、武汉外，无锡、南京、芜湖、苏州、常州、济南、青岛、郑州、许昌、太原等华东、华北工业重地，迁出的工厂寥寥无几，而广州等城市的民族工厂则全部沦陷。上海以外各地被毁的注册工厂达3735家，损失资金总额为7.4亿元。如将日寇毁坏和侵占的工厂合并计算，则全国（关内）棉纺织业设备损失70%，面粉业厂家数损失50%，产量损失60%，火柴业厂家数损失53%，缫丝业厂家数损失45%，造纸业厂家数损失84%，化学工业仅制碱量即损失82%，矿冶业更是日寇劫夺的重点。关于民族工业所受损失，各家说法大不相同。政府经济部的调查统计，得出工商矿业直接和间接损失共201亿元的结果；据近年的综合估算，抗战期间中国的财产损失超过1000亿美元，其中无疑包括了民族工业的惨重损失。从保存实力的角度来看，一批近代工厂的内迁是非常必要且意义重大的。幸免于难的内迁工厂中以与国防工业有关的行业居多，占90%以上，面粉、棉纺等重大行业的大型工厂则几乎无一脱险，这意味着民营工厂损失相对更大。即使这些冲出敌人魔掌的工厂，在逐次迁徙中也是历尽千难万险，折毁损失严重，无异于民族工业一次悲壮的长征。

大西南，大后方

1937年10月31日，国民政府宣布迁都重庆。1938年初，国民政府制定《西南西北工业建设规划》，确定了以川、滇、黔、湘等西南各省为中心的大后方工业发展战略，意在从政治、军事和经济各方面将西南地区作为长期抗战的后方基地。

但是，抗战之初中国西部的工业基础相当薄弱，与后方基地的要求相差很远。据政府经济部统计，战前川、湘、桂、滇、黔、陕、甘7省的近代工业，只占全国工厂总数的6.07%，资本总额的4.04%和产业工人总数的7.34%。其中较具规模的工厂仅有：四川的一家电厂、一家水泥厂、五家面粉厂、一家造纸厂和两家机器厂，陕西的一家纱厂和两家面粉厂，贵州的一家造纸厂。所以，开发和建设并举成为当务之急。

为此政府首先组织和帮助民营工厂迁往西部，继而从资金、用地、人力、能源、原料和技术等方面帮助内迁工厂尽快恢复生产，同时采取了一些奖励和扶持措施，促进工厂扩大生产和开办新的工矿企业。

随着中国政治中心的迁移，偏远的西部一下子大为改观。大批的公务文教人员、军队和沦陷区人口的迁入，不但使西南一隅热闹非凡，而且带来了对工业民品、军需品的大量需求。战时外国货物和沿海地区工业品的来源已经几乎断绝，而以天府之国四川为典型的西南地区，也停止了经济作物和工业原料品的巨额输出，再加上迅速改善的铁路、公路和水路运输条件，不仅为后方工业的发展提供了相对充分和独立的区域市场，而且形成了充足、廉价的原材料市场和畅通的供应渠道。在高额工业利润的刺激下，汇集后方的大量资金和科研力量，也成为发展工业的有力保障。

为后方工业奠定基础的，要算是约600家内迁工厂。其中有些已是在工业界久负盛名的大型企业，例如大鑫钢铁厂、华生电器厂、华成电器厂、亚浦耳电器厂、精一仪器厂、新民机器厂、中国煤气公司、天源化工厂、永利化工厂、久大精盐厂、新亚制药厂、大中华橡胶厂、求新制革厂、龙章造纸厂、益丰搪瓷厂、康元制罐厂、中国标准铅笔厂、商务印书馆、庆新面粉厂、正明面粉厂等。它们的迁入带来了可观的技术、设备、人员和资金，不仅使后方工业面貌为之一新，而且立即成为工业发展的骨干。例如余名钰的大鑫钢铁厂，迁至重庆后与卢作孚合作，改名为渝鑫，成为后方最大的民营钢铁厂;范旭东、侯德榜组织200多名工程技术和管理人员入川,在四川犍为建成"永(利)久(大)黄(海)"化学工业基地,实验发明了领先世界的侯式制碱法;胡厥文将新民、合作机器厂迁设于重庆,又在湖南、广西开办新厂;上海机器厂的颜耀秋积极组织工厂内迁,后连续5年担任迁川工厂联合会主任,为后方工业的发展排忧解难;支秉渊在湖南祁阳建成煤炭、钢铁、电力和机器制造的新型综合工业区;沈鸿将利用五金厂器材运往延安,帮助共产党领导下的陕甘宁边区建立机器厂。尤其值得重视的是内迁工厂中的181家机器厂,它们能够生产后方本来无法制造的工作母机和工具机,如发电机、蒸汽机、柴油机、鼓风机、卷扬机、球磨机、清花机、压路机等机器及各类机床。在近代工业的早期发展中,我们曾经看到"制造机器的机器"作为工业之母的重要意义。机械工业在后方的安家落户和扩大生产,也在开发大西南中起了重要作用,为其他工业部门的从无到有和迅速发展提供了同样必要的条件。

据统计,战时后方(以川、湘、滇、黔、桂等西南省区为主,包括陕、甘、青、新等西北省区)1944年共有民营工厂4764家,资本额31.25亿元(折合战前币值3.16亿元)。与抗战前1936年相比,工厂数新增4494家,增加16.6倍;按战前币值计算,资本额新增近2.25亿元,增加2.47倍。工厂地区分布以四川省居多,共2274家,占总数的47%即近一半,其中重庆一地集中了1461个厂家,以下依次为湘、桂、陕、黔、滇和其他省区；按行业分类以化学工业居多，共1353家，占总数的28%，资本额11.1亿元（合战前1.1亿元），以下依次为机器、纺织、食品、五金、服饰、印刷文具、冶炼、电器及其他行业；资本额大小则是化工业以下依次为纺织、机器、食品、冶炼、电器等行业。1938年和1939年是投资最多的年度，分别为战前币值的6970万元和5370万元，其中很大部分是由内迁工厂申报复工所致。投资建厂规模以抗战最初3年为最大，超过了战前全国平均额，其中1938年设厂平均资本达38.3万元。1940年后工厂规模急剧缩小，1942年后已不足1万元。这些小型厂的开办既有弱小分散的缺点，另一方面也是适应战时条件的结果，即利在速成、便于随机应变。

后方民族工业的投资结构与战前相比有重大的变化。化学、机器、冶炼、电器、五金5个行业共拥有资本18.78亿元（合战前近1.9亿元），占资本总额的60%。由此可见，轻纺工业最有发展的位置已被其他行业所取代。在这些行业中除领先一步的化学工业外，其他重工业的若干行业也有较大的发展。这说明，后方民族工业的行业结构较战前趋于健全；民族工业的地区分布与战前比较，发生了中国民族工业中心西移和后方工业基地形成的大变化。不仅如此，由于民营工厂广泛分布在西南西北的9个省区，民族工业布局极不均衡的状况也有所改变。尽管四川一省和陪都重庆集中了47%的民营工厂和60%的民族工业资本，但就整体而言，已远比战前沿海沿江相对于全国的密集程度趋于均匀。总之，后方民族工业在行业结构和地区分布上的合理化程度有所提高。

在后方民族工业恢复和发展的同时，政府重视对重轻工业的投资，从而大致形成了规划中的 8 个后方工业基地。到 1945 年止，经政府注册登记的新设工厂为 4382 家，其中西南西北地区新设厂数占国统区新厂总数的 90% 以上。此外，由政府倡导的"工业合作社"群众运动，也促进了后方手工业的蓬勃发展。据估计，后方工业的总体规模约相当于战前全国工业的 11% 强，约相当于战前本国工业的 17%。正是这些工业维持着整个国统区的经济，使大西南发挥了大后方的重要作用。据不完全统计，后方工业基地在 8 年抗战期间，共生产动力机 2721 部，工具机 7115 部，大型纺机 106960 锭，面粉机 594 部，造纸机 59 部，以及电灯泡 272 万个，硝酸 12.3 万箱，硫酸 16.7 万箱，盐酸 19.3 万箱，烧碱 7.2 万箱，酒精 2180 万加仑，纸张 33.6 万令，重革 375.7 万公斤，轻革 856.7 万方尺，面粉 306.3 万袋。另据记载，当时后方民营工厂"每月可制手榴弹 30 万枚，迫击炮弹 7 万枚，各式炸弹炮弹引信 7 万枚，飞机炸弹 6 千余枚，机枪零件千套，大小圆锹 30 万把，大小十字镐 20 余万把，地雷引信千余个，军用纽扣 500 万个及陆军测量仪器、军用炮表、子弹机等"。按 1933 年不变价格计算（由于当年经济危机，此估价尚属偏低），后方工（矿）业产值由 1938 年的不到 1.1 亿元增加到 1942 年的 2.3 亿元，其中民族工业 1.3 亿元，占 57%。民族工业不但供给了战时后方占全国1/3的人口的日用需求，而且为补充军需竭尽全力，它对支持抗日战争，直至最后胜利功不可没。

1942年后方民族工业达到最高水平，此后便一落千丈。从年增长率上看，1942年前为11.4%，然而1942年后巨大的负增长使得1938～1945年8年间的年均增长率仅为0.3%，前后的悬殊表明民族工业所获发展十分微弱。具体的表现是，从1942年开始停工减产和改组倒闭成为普遍现象，同时数量锐减的新设工厂的资金规模猛降到与手工作坊相差无几。造成这种状况的原因，首先是恶性通货膨胀。1937～1945年货币发行量增加了730多倍。另以陪都重庆的批发物价为例，1944年制成品、半制成品和原料价格，分别是1937年上半年价格的1333.5倍、504.1倍和383.9倍。恶性通胀使民营工厂患上了当时称作"虚盈实亏"和"虚盈实税"的重症。就是说在物价猛涨的情况下，工厂资金经过采购、生产、流通的整个周转过程后，在账面上赢利巨大，但是实际上全部销售得款恐怕连购买当初所用原材料都已不够；然而，企业还必须按照虚假的赢利交纳多如牛毛的政府税收，以致亏上加亏。这一重症使企业流动资金日趋枯竭，无法进行再生产，更谈不上更新设备。企业在用设暗账等手法逃税无效之余，只得停产倒闭。恶性通胀的另一个结果，是加剧了"工不如商"、投机盛行的顽症，民族资本被迫以商养工、以商代工。日见小额、短期的投资行为，也是为了便于随时化工为商、逃向投机。

其次是国民政府的"经济统制"政策,主要内容为统购统销、专卖和限价、议价等措施。抗战初始,政府实行主要出口物资的统购统销,1942年起对日用品和其他物资实行专卖和统购统销。经济统制的范围包括:棉花、棉纱、棉布、煤、食油、纸张、机器、钢铁、水泥、烧碱、盐酸、漂白粉、染料等工业制品、设备和原材料;对钨、锑、锡、汞、铋、钼、桐油、生丝、猪鬃、茶叶、药材等出口物资实行统购统销;对盐、糖、卷烟、火柴等日用生活必需品实行专卖。经济统制是政府对国统区主要商品内外贸易的强制垄断。由于统购统销及专卖制度规定了近于半没收的收购价格,随着政府从中攫取大量的物资和财政收入,民族工商业损失巨大、委顿不堪。企业不得不在贿赂官员的前提下依靠化整为零、虚报成本、设立暗账、黑市交易等投机手法,以求逃避管制,勉力支撑,或者借以浑水摸鱼。此外,平抑物价政策的无能乏力,招致黑市猖獗,又加剧了恶性循环。所以经济统制政策对于支持抗战的积极作用非常有限,其最显著的结果是对国统区人民的掠夺、对民族资本的摧残和对工农业生产的破坏。1942年起,后方工矿业产量产值逐年递减,其中民族工业所占份额又呈绝对下降之势。

这一趋势的形成还与国家垄断资本的急剧膨胀密切相关。1940年后国家资本开始插足并占据酸、碱、水泥及棉纺、面粉、火柴等民营工业的主要行业。1942年国家资本已占后方工业资本总额的69.58%,在冶炼、水电、电器、机械、化学等基本工业行业中所占的比重平均超过80%。1943年起除工厂数量外，国家资本企业已在资本额、平均规模、产量产值等主要指标上全面超过民族工业。1945年抗战结束前，资源委员会已拥有企事业单位131家。官营工业在后方工业中日见主导的地位，使它在抗战中起了一定的积极作用。但是，抗战后期国家资本垄断地位的形成，与通货膨胀政策和经济统制政策互为表里和因果，同样必然伴随着对民族工业的侵蚀、排挤和打击。例如，"火柴大王"刘鸿生回忆当时的情形说："我在重庆办的中国毛纺织厂、火柴原料厂及在兰州办的西北毛纺织厂，都有官僚资本的投资。我原来在上海是大老板，到重庆却成了大老板的伙计。"这不仅从根本上不利于抗战，而且在抗战以后由于民族工业的衰落，重庆、昆明、桂林、衡阳、宝鸡、兰州等地的新工业基地也迅即凋萎，成为明日黄花。

8 掠夺与生存

1931年日本侵略者霸占了东北三省，1937年起日军又入关侵占了华北、华东、华中750多个县市的大片土地。日本在资源丰富和工业集中的上述两个地区的统治分别长达14年和8年，意味着对中国工矿事业的疯狂掠夺，和沦陷区民族资本工业跌入苦难的深渊。

为适应军国主义的侵略需要，日本在占领区用侵占与开发并举的手段，将占领区变成它支持侵略战争的军事和工业基地，为此甚至在东北和华北提出了两个"产业开发五年计划"。1940年10月，日本内阁通过《国土计划设定纲要》，提出所谓"适地适产主义"，在"日、满、支（华）三者之间实行适当分业"。具体地说就是在日本本土着重发展军事工业、机械工业和精密工业；在东北由伪满着重发展电气工业、矿业、一部分机械工业和轻工业；在华北着重开发矿业、盐业；华中则容许存在一些轻工业。"适地适产主义"意在将占领区经济完全纳入日本经济的体系之中，是"大东亚共荣圈"侵略阴谋的重要步骤。

在东北，日本通过扶植伪满洲国傀儡政府实行经济统制，作为基本的掠夺手段。1933年3月伪满政府发布《满洲国经济建设纲要》，宣布经济统制。1934年划定银行、铁路等22个行业由公营或特殊会社经营；汽车工业、毛棉纺织业等24个行业为经政府许可的半统制经济事业；制糖、面粉业等19个行业为自由经营的经济事业。1937年为全面侵华需要，《重要产业统制法》将可自由经营者中14项划入许可范围，计有21项轻重工业受到直接控制：军火、飞机、汽车、液体燃料、钢铁及其他金属、煤矿、纺织、面粉、制糖、木材、苏打、肥料、油井、水泥、火柴、酿酒和烟草。1942年《产业统制法》则对所有产业实行统制，甚至对生活用品实行配给制。

允许经营统制事业的特殊会社和准特殊会社，大都采用所谓日满合资的方式，由日本军方、政府和财阀共同控制。侵华资本中大仓、三井、三菱、鲇川、住友等日本大财阀资力最为雄厚，浅野、安田、日室等中小财阀也以伪满为基地而兴起。其中以1906年成立的"南满洲铁道株式会社"（简称"满铁"）和1937年后起的"满洲重工业开发株式会社"（"满业"）两个日本"国策会社"最为庞大。这些殖民机构的掠夺性经营利润巨大，甚至可以不计成本。据统计1932～1944年间汇回日本的日资利润达32.18亿日元。到1945年6月，东北的日伪企业共6878家，241.4亿伪满元的投资总额中，日资为112.7亿伪满元，为其控制和利用的伪满资本为128.7亿伪满元。其中"满铁"和"满业"两大系统分别拥有专业公司55家和40家，只占全部企业数的1.38%；但是它们分别拥有资本69.5亿伪满元和55.9亿伪满元，共占日伪资本总额的50%以上，实现了对东北工矿业的高度垄断。

　　日伪在东北的大量投资和计划开发，带动了东北工业的畸形发展。据统计，1937～1943年伪满洲国重轻工业生产指数上升了64.4%，其中重工业上升213.5%，轻工业则下降18.6%。这一发展的前提，是东北资源的大量丧失，工业沦为供应战争的畸形机器。轻重工业的比例失调，既牺牲了东北人民的生活资料，也造成殖民地条件下工业体系的不完整性和依赖性，尤其是农业基础日益薄弱。1943年后，伪满工业开始衰退。1945年苏军进军东北，估计拆走了价值为8.95亿～12.33亿美元的重要生产设备，使东北工业生产力损失50%～80%。另据统计，1943年伪满特殊、准特殊会社资本占59.5%，民营一般会社资本占40.5%；又据1942年统计，民营会社中日本私人资本占97%，中国私人资本占 3%；1945 年 6 月，在特殊和准特殊会社中，中国私人资本仅占 0.2%。估计东北工业中民族资本在 2 亿伪满元左右。这几个数字表明，在日本的殖民政策和日伪的超经济压迫下，中国民族资本既难以独立存在，民族工业也已是奄奄一息。

在华北、华东和华中等关内占领区，日本也是在"适地适产主义"的殖民政策下，划分"统制事业"和"自由事业"的。与东北比较所不同的，只是没有形成伪满资本那样的殖民地资本形态。1938 年，日政府和大财阀出资各半，成立"华北开发株式会社"和"华中振兴株式会社"。至 1945 年，两会社分别拥有 51 个和 16 个子公司及一些孙公司。它们分别以"普遍开发"和"重点开发"的名义，垄断了交通、矿冶、电力、电信和盐业等"统制事业"的经营，从而控制了关内占领区的经济命脉。1941 年日本发动太平洋战争，进而对英美在华企业普遍予以没收。据估计，日本在关内占领区的资本总额，按战前价值计算约为 30.57 亿日元。

关内沦陷区的民族工业，除大量被毁和少数内迁外，大部分为日本强盗侵占。其手段大致有"军管理"、"委托经营"、"中日合办"、"租赁"和"收买"等 5 种。日占初期主要采用前两种近于没收和抢劫的手段，所侵占的关内工业数量也最多。以棉纺和面粉业为例，战前全国华商纱厂 94 家中沦陷区内有 61 家，结果 54 家落入日寇魔掌，被掠夺的纱锭数和布机数分别占总数的 70% 和 66%。日寇还侵占了 157 家华商面粉厂中的48家,被掠夺的制粉能力占总量的90%;1940年,由于资金和管理上的困难以及国际形势的变化,日本强盗被迫"发还军管理工厂"而改用其他手段,同时对原业主进行"保管费"和"修理费"的敲诈勒索;"中日合办"是日据企业普遍采用的侵夺方式,由日方规定日中出资份额,原华商企业资产由日方任意估价,日资则以军用票、公司债之类废纸抵数;日占中后期,强迫"租赁"和"收买"也是日寇欺诈玩弄、巧取豪夺华商企业的惯用手段。日本对关内工业垄断、"复兴"和"开发"的结果,是重工业战略物资产量的增长和轻工业产品的衰减,无疑也伴随着大肆掠夺和华商工业沦为日本经济的附庸。

日本对华的经济侵略方针,是日本军、政、商三方利益均衡和协调的结果。所以"自由事业"一说,主要是就日本资本家而言,对于中国民族工商业者则是一句空话。日本控制和垄断了占领区的金融和内外贸易,对各类物资实行严格的管制。例如在上海,钢铁、猪鬃、桐油、棉花、生丝等物资在市区移动须经批准;3码以上的丝棉毛织物,1斤以上的糖或盐,由上海外运须经许可;2公斤以上的米面、5公斤以上的豆类、20个以上的蛋、1斤以上的茶叶由外地运入上海也须经许可。战争后期则全面实行了物资配给制。物资管制便于日伪以低价收购的方式进行掠夺,也极大地限制了中国自由资本主义经济的生存条件。

据统计,1939~1942年华北5省华资企业由438家增为808家,资本额由1.07亿元增为3.04亿元,产

五 风急云乱的八年

值由 1.84 亿元增为 4.29 亿元。但是如将价格变动因素计算在内，则华资厂资本增加仅 13.6%，产值反下降了 11.1%。而日资厂则资本额和产值分别增加 93.5% 和 96.3%，中日合办厂分别增加 7.3% 和 111.9%。1942 年华资企业资本额和产值，仅占日资、中日合资企业之和的 19.2% 和 26.6%。华资企业厂数增加、资本增多但产值下降，是由于企业规模因生存困难而急剧缩小，企业经营因来料不继及财力不济而减产或停产。

抗战前期上海曾出现"孤岛"繁荣的现象。"孤岛"首先是指当时尚未卷入战争的公共租界和法租界，它成为人口、资金和工厂纷纷迁入的安全地带。据统计，1939 年租界区人口由 250 万增至 500 万，银行存款达 30 亿元，占全国银行存款的 60%；1938 年 4～12 月新开工厂由 560 家增至 4700 多家。"孤岛"的物资来源依靠海运、水运及陆路的偷运和走私，产品销往本市、南洋及大后方。地利之便使上海成为全国范围内民族工业战时繁荣的"孤岛"。1941 年 12 月日本发动太平洋战争，日军接管了租界区，"孤岛"终告沉没。

六 九死一生见沧桑

1 希望与绝境

1945年8月15日，是举国同庆的胜利日。近百年来，中国人民第一次彻底打败了最大规模的外来侵略。在欢天喜地、扬眉吐气之余，他们完全有理由希望从此休养生息、安居乐业，希望民族工商业苦尽甘来，获得从未有过的发展和繁荣。

抗战胜利后，大量的人口和资金重又涌向沿海城市，随着敌伪产业全部被没收和敌占民业的陆续发还，民族资本企业数量大增。在经济部登记开业的工厂，1945年下半年为273家，1946年为1992家，1947年增至9285家。尽管工厂仍趋于小型化，但新厂开设和旧厂复业的空前盛况毕竟有助于工业经济的恢复。据对电力、煤铁、酸碱、水泥、棉纱布、面粉、火柴等14种工矿业产品产量产值的估计，1947年民营工业的水平已与1936年基本相当；而毛纺织、针织、丝织、橡胶、制革、制盐、制糖、榨油、肥皂和砖瓦等行业中，1947年民营工厂的生产能力估计也恢复到战前的

70%以上。就是说与抗战时期相比有了很大的提高。

但是，沉浸在胜利喜悦中的善良的人们又怎能料到，抗战中携手合作的国共两党在重庆谈判后不久会再次成为仇敌，刚刚结束抗战的中国会很快陷入国民党发动的全面内战之中？历经磨难的民族工商业者，也想不到赶走了日本鬼子，还有那么多的无法克服的障碍，会走到山穷水尽的绝境。

后方民营工业曾对支持抗战有着卓著的功效，胜利后却迅速走向没落。到1946年底，迁川工厂联合会390家会员厂只剩下100家，其中仅20家开工；中国工业协会重庆分会所属的470多家工厂，有310家停工歇业；四川中小工厂联合会的1200家工厂有960家停产倒闭。当时有人描述这一情景说："胜利的爆竹一响，工厂便陆续关门。"国民政府急于"复员"，于是彻底放弃改建后方工业基地的计划，将来之不易的后方工业弃如敝屣。在这种形势下，1945年8月胡西园、胡厥文、刘鸿生、李烛尘等130余名内迁工厂代表向行政院请愿，要求政府贷款协助复员。经过多次艰难交涉，蒋介石才当面应允给予300家内迁工厂38亿元贷款（仅合战前币值100余万元）。中国工业协会重庆分会理事长、永利厂副总经理李烛尘，悲哀地回顾了民营工厂从内迁到复员的经历："八年抗战……谁也不能否认迁川各工厂之贡献……而战事愈延长，政府之管制法规愈加严密……民间各工厂……日趋衰颓，造成艰难挣扎之局面……敌寇投降之后，政府取消订货，各工厂乃一律关门。各迁川工厂，可称为当年艰难辛苦而去，今日倾家荡产而回。"变卖资财还债后复员的民营工厂，非常希望能够优先承购代营敌伪工厂和获得日本赔偿物资，为此吴蕴初、支秉渊、颜耀秋等人曾组织了3次请愿。结果只是由22家复员厂承购了29家敌伪工厂，其中又只有3家工厂可以继续生产。

沿海城市恢复和新设的民族工业，由于后方工业在地区分布和行业结构上的改善付之流水，又呈现一如既往的不合理状态。大片沦陷国土（包括东北和台湾）的收复，带来了工矿业产量产值的提高。但是，1947年民族工业中棉纺、面粉两个主要行业的产量只有战前的一半，反而是因战时汽油缺乏而发展的酒精制造跃居产值首位。金属矿冶业则已凋零不堪。战后民营棉纺织业以申新、永安和裕大华3个企业集团为代表，1947年它们的棉纱、棉布和纱锭、布机等产品和设备基本上达到了最高水平，但与战前1936年相比较仍有不小的差距。申新荣家还曾有几次遇险的经历。1946年4月荣德生被绑架，被匪警勒索赎金及破案报酬共60多万美元；1948年荣家荣鸿元被捕，为获释付出贿款约50万美元；1949年5月荣毅仁被上海地方检察院控诉，又用去大金条10支及5000美元。通过这一幕幕遭遇，我们仿佛看见民族资本家怎样由满怀希望变为失望，最后又落到惶惶不可终日的绝望地步。

② 垄断与倾销

然而，导致民族工业迅速沉沦的更重要原因，则是国家资本的空前垄断和美国商品的潮水般倾销。

国家资本在战后高度膨胀为国家垄断资本，得益于大量接收敌伪产业、日本赔偿物资和美国的援助。据统计，南京政府接收的敌伪产业（东北、"台湾"在内）共值战前法币23.02亿元，其中工矿业资产11.46亿元。另据当时估计，中国因战争造成的财产损失在600亿美元以上（近年估算为当时价值1000亿美元以上），盟国决定以135万吨日本工业设备和实物作部分赔偿。至1949年9月，计运回赔偿设备、物资35912.76吨，约值2250万美元；运回被劫铜币、镍币、轮船、南京永利硫酸铔厂和广东省营造纸厂设备及图书、古物、贵金属、车辆、原料等10类物资，价值1813.2万美元。总计共收回赔偿4063.2万美元，合战前法币10546万元。

战争中损失惨重的民族工商业者，曾经渴望能够分享胜利后的接收和赔偿。南京政府对此置之不理，一方面将接收的绝大部分敌伪重轻工业转归国营，吝于发还民间或向民间出售；赔偿物资也基本划为国有，其中一部分还直接运往台湾。另一方面，南京政府视民族工业为无足轻重，奉行投靠美国、依赖美援的政策。据专家估算，1945～1949年南京政府共获得美援借款和物资60.19亿美元。这一政策的结果，在军事上是一场"美国人出钱出枪，蒋介石出兵"的内战，在财政经济上是中国成为充气巨人般的美国附庸。

战前从金融业中开始形成垄断的国家资本，经过战时的统制和战后膨胀，继而绝对垄断了工矿、交通运输及内外贸易等国民经济的各大领域。以工矿业为例，资源委员会1947年已有专业公司96个，下属工矿企业达到291个，职工26万余人。在垄断电力、钢铁、石油、煤炭、化工、水泥和金属矿冶等重工行业的同时，又在制糖、造纸等轻工行业中形成庞大势力；其次是一些大规模的国营工业垄断机构，如中国纺织建设公司、中国纺织机器制造公司、中国植物油料厂股份有限公司、中国粮食工业公司、中国蚕丝公司、中国盐业公司、中国农业机械公司、中国石油公司、中央造船公司、扬子电气公司、齐鲁企业公司、恒大公司和淮南路矿公司。其他一些地方性垄断组织之外，还有以民营形式出现的豪门家族资本的商贸、工矿机构，如宋家的中国进出口公司、孚中实业公司、一统国际贸易公司及金山、立达、利泰等贸易公司，孔家的扬子建业公司、嘉陵企业公司、益中实业公司，陈立夫家族的华美贸易公司、太平兴业公司，还有宋美龄与陈纳德合组的中美实业公司。在这里所谓民营与国营，家族资本与国家资本以至国家垄断资本，已经错综交融，难分彼此。

国营厂矿主要产品在国统区产品中占有很大比重：钢铁98%，机械72%，电力78%，煤炭80%，有色金属100%，石油100%，水泥67%，硫酸80%，纱锭60%，机制糖90%。1945~1947年，国营厂矿产品产值膨胀了201倍；国家资本在新式工矿业资本总额中所占比重，1944~1946年由50.5%上升到80%。

1946年后国民党政府与美国政府陆续签订《中美

友好通商航海条约》、《国际关税与贸易一般协定》等一系列卖国条约,史无前例地对美帝国主义的殖民投资开放中国全境,并大幅度减免110项美国商品的进口税,不但使美国取代其他帝国主义国家,独霸了中国进出口贸易、外国投资及对外借款等经济命脉,而且直接导致美国商品以排山倒海之势滚滚而来。1946年当年进口即达6.52亿美元,并出现4.74亿美元前所未有的巨额入超,尚不包括巨额的夹带走私、武装走私等非法进口物品。进口美货既有武器弹药、飞机舰船等军火,以及石油、金属、机器、车辆、水泥等重工产品,还有布匹、呢绒、服装、鞋帽、面粉、卷烟、火柴、罐头、奶粉、药品、颜料、雨衣、袜子、金笔、牙膏、牙刷、香水、口红、手纸等轻工产品,棉花、大米、小麦、水果等农副产品。几乎无所不包,以至无处不在。廉价美货在中国市场上的倾销和泛滥,必然使民族工业遭受灭顶之灾。

3 全面的崩溃

国民党政府接收敌产、依赖美援以极力扩充国家垄断资本,用直接经营企业的方式包揽国民经济的运行,并没有带来生产的大发展和财政的宽裕。国营工业继承了以往官办工业所暴露出的种种弊病,即管理混乱、经营腐败和效率低下。例如,资源委员会接管了全部敌伪钢铁企业,但设备利用率仅为12%,与闲置相差无几;又如最大的垄断企业中国纺织建设公司

（拥资合战前 3.87 亿元，下属 85 厂），1947 年纱机、布机的利用率都不到 50%。由此造成国家资本在全部生产中所占比重呈下降趋势，从而动摇了国民党政权经济基础的第一块基石。

非但如此，内战政策的实施更加剧了经济的衰败和财政的紧张。1946～1948 年历年的财政亏空都在 60% 以上，财政赤字 1946 年为近 4.7 万亿元，1948 年上半年为 434 万亿元。历年财政支出的 60%（相当于赤字部分）用于 500 余万军队的内战军费，其次为 25% 的行政费，每年的经济建设费则不到 10%。为弥补财政亏空，曾经采用增征赋税和发行公债的方法，都因经济不景气和政府威信扫地而收效甚微。相比之下，还是滥发钞票来得直截了当，但随之而来的恶性通货膨胀，却导致了国统区财政经济的全面崩溃。

抗战结束时法币发行量为 5567 亿元，为收兑华中华北的伪币增发到 1 万亿元。政府金融力量因胜利而获得了很大的充实，未尝没有医治战时通货膨胀的契机和希望。但是，决定内战的国民党政府仅在 1946 年上半年就发行法币 10806 亿元，自绝了稳定货币和物价的生路。到 1948 年 8 月 21 日，法币发行额达 6636946 亿元，为战前的 47 万多倍，为战后初年的 1192 倍。天文数字般的发行额使上海 5 家印钞工厂日夜开机仍嫌不足，只得求助于英美等国外的印刷厂。然而印好的钞票运到市场，往往因面额太小必须注销重印，否则就不便于使用，甚至不够抵偿纸张和印刷的费用。

半个世纪之前的那次恶性通货膨胀，对于后人无异于一出极其荒诞的恶作剧、一个天大的笑话，对于生活在当时的人们来说则是水深火热的煎熬。货币贬值和物价上涨日甚一日、不可收拾。以上海物价为例，1948年8月比1947年底上涨了55倍，比1937年6月上涨了571万倍。100元法币在1937年足够买2头牛，1945年可买2个鸡蛋，1947年可买1个煤球，1948只能买0.002两大米。那时的街道上随处是手提肩扛、车载成捆满袋钞票前去抢购日用品的人群，用钞票当废纸糊补墙壁的事情已不足为奇。旷日持久的抢购风潮使商店货架空空，广大的城市和乡村已普遍采用金属币或外币作为流通手段，或是进行实物交换，改用谷物等原始的价值尺度。

1948年8月19日，国民党政府实行金圆券改革和限价政策，试图作最后的挣扎。其主要内容为发行20亿元金圆券，限期以1元金圆券折合300万元法币的比价兑换本位币；限期收兑人民所有的金银、外币和登记管理本国人民存放在国外的外汇资产；将各类物价一律冻结在8月19日的水平。蒋介石特派蒋经国任上海经济督导副专员，蒋经国到沪后标榜"只打老虎，不拍苍蝇"，态度强硬、手段严厉，甚至查封了作恶多端的孔家扬子建业公司。但是他一人岂能只手独撑中华民国将倾之大厦？在宋美龄和蒋介石的庇护下，孔家大少爷孔令侃仍然逍遥法外，使蒋经国上海打虎留下"只拍苍蝇，不打老虎"的骂名。金圆券变为无限额发行，走上了法币的老路。11月1日宣布放弃限价。

当月上海物价上涨 10 倍。两个多月的紧急措施，除从人民手中逼勒掠夺大量的金银外币，和以限价削损破坏民族工商业外，只是加剧了经济恐怖、抢购风潮和黑市交易。1949 年 5 月上海解放时，物价已上涨到金圆券发行时的 1200 万倍。1949 年 7 月，逃亡广州的国民党政府又抛出银圆券的把戏，宣布恢复银本位制，各色银元一律通用，以与银元等价的银圆券 1 元折合金圆券 5 亿元。货币制度的大倒退和大骗局到了这一地步，已经无人予以理睬。

经济崩溃的首要标志是生产的锐减。近百年来一直处在半破产状态的农业生产日见破败荒芜，以致蓬蒿丛生、饿殍遍野。据不完全统计，到 1947 年底战后倒闭的国统区大城市工商企业已在 27000 家以上；民族工业陷入绝境，国营工业也难以为继。1949 年与战前 1936 年相比，轻工业生产减少 30%，重工业生产减少 70%。从 1947 年起，巨额的资金和物资就开始向海外和台湾逃亡。抗战胜利后的 4 年中，国民党政府未能及时领导国民经济走上休养生息的发展道路，国统区经济的全面崩溃首先就是国家垄断资本主义的彻底破产，这也是国民党在大陆的统治迅速垮台的重要原因。

4 改天换地与绝处逢生

经过抗日战争，国共双方的力量对比发生了一些变化。共产党坚持敌后抗战，领导建立了陕甘宁、晋察冀、晋绥、晋冀鲁豫和华中等19个大的敌后抗日根据地（边区）。抗战胜利时，已成为拥有1亿人口的19个大的解放区。革命政权在各边区减租减息，鼓励农副业生产。在发展公营经济的同时，保护和扶助私营工商业的发展。其中以陕甘宁边区最为典型；边区政府实行"欢迎资本到边区来投资，奖励工商业者扩展边区经济，增强抗日力量"的方针，允许私人资本获得20%左右的利润。1943年，陕甘宁边区已有包括钢铁、石油、机器修配、酸碱等新行业的公营工厂103家，以纺织、针织、食品为主的手工业合作组织260个；三边、陇东和绥德3个分区有私营工厂1425家，其中纺织厂由1939年的6家增至50家，造纸厂由1940年的39家增至56家，大都具有工场手工业的规模。其他如晋绥边区私营织布业和煤窑产量，约占全区的90%；山东根据地则公私纺织共有布机15万架。原先工业基础极为薄弱的边区私营工商业的发展，壮大了抗日根据地的经济力量，与沦陷区和国统区相比，无疑是一片新天地。

1946年6月，国民党军队大举进攻解放区，挑起全面内战，人民解放军从此开始了改天换地的三年解放战争。1947年12月，毛泽东在《目前形势和我们的任务》报告中确立了"新民主主义革命的三大经济纲领"，即"没收封建阶级的土地归农民所有，没收蒋介石、宋子文、孔祥熙、陈立夫为首的垄断资本归新民主主义的国家所有，保护民族工商业"。报告还指出："由于中国经济的落后性，广大的上层小资产阶级和中等资产阶级所代表的资本主义经济，即使革命在全国胜利以后，在一个长时期内，还需要他们中一切有益于国民经济的部分有一个发展。"人民政府在日益扩大的解放区实行积极稳妥的财政金融政策，打击投机倒把、囤积居奇等危害活动。1948年12月1日，由新成立的中国人民银行统一发行和兑换中国人民银行券（人民币），从而为新金融秩序的形成和市场繁荣、物价稳定创造了条件。

随着人民解放军以农村包围城市、最后夺取城市的势不可挡的步伐，国民政府资源委员会、招商局及中国、中央航空公司等国营企业的员工纷纷宣布起义，人民政府总计接管南京政府国家资本工业企业2858家，同时力争使其继续生产或迅速复工。民族资本方面，首先获得解放的是城市之外的矿业部分，如华北各解放区的一些煤、铁矿，经清查后都发还私股或发还私营，以恢复生产。"进城"以后，对集中在大中城市的民族工业，总结实施了"发展生产，繁荣经济，公私兼顾，劳资两利"的十六字方针。例如，裕大华集团的石家庄大兴纱厂，是华北解放区最大的私营工业。1947年11月石家庄解放前夕，在主持人出走的情况下已是资财移失、人员流散，又遭到国民党空军为时一周的狂轰滥炸。人民政府进行代管并垫付了约合540万斤小米的资金，帮助该厂在两个月后就修复生产。政府还设法与武汉裕大华公司联系，于1949年8月将该厂发还原私营业主。又如中国最大的水泥厂启新洋灰公司，新中国成立前已陷入产品积压、工资发不出的绝境。1948年12月唐山解放后，人民政府给予贷款并借助面粉、大米、食油等生活物资，后又收购、包销该厂的水泥，使生产很快恢复了正常。再如中国最大的制碱企业永利公司的塘沽碱厂，新中国成立前已停工欠资。1949年1月天津塘沽解放后，人民政府采取给予贷款并收购、包销其产品的办法，使碱厂生产达到了战前的水平。因恶性通货膨胀和战争打击而奄奄待毙的民族工业，在解放区的晴朗天空下获得了新的生机，得到了迅速的恢复和健康的发展。

据估计，1949年底私人资本主义工厂（雇工在4人以上者）有123165家，职工164.3万人，资产净值20.08亿元（人民币）。其中雇工10人以上的现代化工厂14780家，职工92.5万人，资产净值14.1亿元。这一水平约相当于1936年民族工业水平的2/3。1949年，私人资本主义工业的总产值为68.28亿元，占全国工业总产值的63.3%。其中有相当一部分已纳入由国营企业加工订货、统购包销的国家资本主义的初级形式和公私合营的国家资本主义高级形式。在社会主义国营经济居领导地位的前提下，私人资本主义工业即原民族工业，已经成为新民主主义经济体制的重要组成部分。

新中国的建立为民族工业九死一生的生涯画上了一个句号。在近百年的兴衰历程中，民族工业的命运与整个中华民族的命运紧紧地联系在一起。从国门洞开到山河破碎，从外敌入侵到民族垂危，总有那么一批铁骨铮铮的有识之士在经济领域里顽强地抵御和抗争。他们依靠民族文化的深厚根基,在外来冲击下获得启蒙和起步;他们抓紧一切短暂的时机,奋力实现发展的希望;他们有过兴起的高潮,有过辉煌的黄金时代和白银时代;是他们而不是其他势力,促成了中国资本主义发展的顶峰。这是一群信奉"实业救国"、醉心于实现工业化的人。他们愿意放弃光耀门楣的科举仕途,投身于创建一个新社会的雏形,在他们看来,一枚纱锭好比一支钢枪,因此高举国货的旗帜,顽强抵制洋货、争取挽回利权,期望民富国强、借以救亡图存;他们所得到的发展十分有限,但由于他们的艰苦创业和勤勉经营,中国终于没有在经济上沦为更贫弱、更蛮荒、更无助的殖民地,终于保持着那么一份国力,赖以支撑抗击敌寇侵吞的民族战争。在近百年中,他们曾是进步的力量和新生产方式的代表。他们致力过维新,欢呼过革命,要求有民主自由的制度和健康发展的条件;他们在中国经营资本主义"大工大商"的经验和业绩,对于后人,对于后世多种经济成分并存的社会化大生产和市场经济,无疑是一份本民族自有的可供继承的遗产。

民族工业自诞生起便置身在旧中国"三座大山"的压迫之下,半殖民地半封建社会性质在它身上留下深深的印迹。正如民族资产阶级软弱的天性一样,民族工业病弱、失衡、依赖性强,有那么多的缺陷和不足,未能通过正常的发展形成完整的体系。另一方面,从晚清朝廷到中华民国历届政府的经济政策,往往始于由资产阶级推促而出台的,具有宽允和开明面貌的政策措施，却无不以穷凶极恶的横征暴敛，及对民族工商业的侵夺摧残而告终；没有一个政府能够切实扶植和奖助民族工商业，担负起引导中国走上近代工业化道路的历史重任。民族工业的发展无时不在华洋斗争、官商矛盾之中，即使两面依附也不免腹背受敌，因此"千万死中求一生"式的叹息和愤慨百年间不绝于耳。随着民族工商业者的发展希望和救国理想一次次泡影般破灭，特别是抗战胜利后灭顶之灾的降临，以资本主义救中国和发展中国的所有尝试，已经走到了山穷水尽的穷途末路。因此也就不难理解，民族资产阶级先后组成中国民主同盟、中国民主建国会等政党，与爱国民主运动同进退，由反对国民党的统治进而接受共产党的领导；在历史选择的最后阶段，绝大部分民族资本家情愿留下来迎接解放，或是在解放初年回归祖国，满怀希望地在新中国继续他们富国富民的事业。

毛泽东在谈到近代实业界人物时，曾经说过："重工业不要忘记张之洞，轻工业不要忘记张謇，化工不要忘记范旭东，航运不要忘记卢作孚。"的确，为近百年民族工业的振兴和发展努力作出贡献的人们，以及他们九死一生见沧桑的经历所昭示的历史抉择，是不容忽视也不会被忘记的。

参考书目

1. 孙毓棠编《中国近代工业史资料》第 1 辑（上下册），科学出版社，1957。
2. 汪敬虞编《中国近代工业史资料》第 2 辑（上下册），中华书局，1957。
3. 陈真、姚洛等编《中国近代工业史资料》第 1～4 辑，三联书店，1957。
4. 严中平等编《中国近代经济史统计资料选辑》，科学出版社，1955。
5. 中国通商银行编《五十年来之中国经济（1896～1947）》，上海六联印刷股份有限公司，1947。
6. 朱斯煌主编《民国经济史》，银行学会，1948。
7. 许涤新、吴承明主编《中国资本主义发展史》第 1～3 卷，人民出版社，1985～1993。
8. 严中平主编《中国近代经济史（1840～1894）》，人民出版社，1989。
9. 秦孝仪主编《中华民国经济发展史》第 1～2 辑，近代中国出版社，1983。
10. 祝慈寿著《中国近代工业史》，重庆出版社，1989。

《中国史话》总目录

系列名	序号	书名	作者
物质文明系列（10种）	1	农业科技史话	李根蟠
	2	水利史话	郭松义
	3	蚕桑丝绸史话	刘克祥
	4	棉麻纺织史话	刘克祥
	5	火器史话	王育成
	6	造纸史话	张大伟 曹江红
	7	印刷史话	罗仲辉
	8	矿冶史话	唐际根
	9	医学史话	朱建平 黄 健
	10	计量史话	关增建
物化历史系列（28种）	11	长江史话	卫家雄 华林甫
	12	黄河史话	辛德勇
	13	运河史话	付崇兰
	14	长城史话	叶小燕
	15	城市史话	付崇兰
	16	七大古都史话	李遇春 陈良伟
	17	民居建筑史话	白云翔
	18	宫殿建筑史话	杨鸿勋
	19	故宫史话	姜舜源
	20	园林史话	杨鸿勋
	21	圆明园史话	吴伯娅
	22	石窟寺史话	常 青
	23	古塔史话	刘祚臣

系列名	序号	书名	作者
物化历史系列（28种）	24	寺观史话	陈可畏
	25	陵寝史话	刘庆柱 李毓芳
	26	敦煌史话	杨宝玉
	27	孔庙史话	曲英杰
	28	甲骨文史话	张利军
	29	金文史话	杜勇 周宝宏
	30	石器史话	李宗山
	31	石刻史话	赵超
	32	古玉史话	卢兆荫
	33	青铜器史话	曹淑芹 殷玮璋
	34	简牍史话	王子今 赵宠亮
	35	陶瓷史话	谢端琚 马文宽
	36	玻璃器史话	安家瑶
	37	家具史话	李宗山
	38	文房四宝史话	李雪梅 安久亮
制度、名物与史事沿革系列（20种）	39	中国早期国家史话	王和
	40	中华民族史话	陈琳国 陈群
	41	官制史话	谢保成
	42	宰相史话	刘晖春
	43	监察史话	王正
	44	科举史话	李尚英
	45	状元史话	宋元强
	46	学校史话	樊克政
	47	书院史话	樊克政
	48	赋役制度史话	徐东升
	49	军制史话	刘昭祥 王晓卫

系列名	序号	书名	作者
制度、名物与史事沿革系列（20种）	50	兵器史话	杨毅 杨泓
	51	名战史话	黄朴民
	52	屯田史话	张印栋
	53	商业史话	吴慧
	54	货币史话	刘精诚 李祖德
	55	宫廷政治史话	任士英
	56	变法史话	王子今
	57	和亲史话	宋超
	58	海疆开发史话	安京
交通与交流系列（13种）	59	丝绸之路史话	孟凡人
	60	海上丝路史话	杜瑜
	61	漕运史话	江太新 苏金玉
	62	驿道史话	王子今
	63	旅行史话	黄石林
	64	航海史话	王杰 李宝民 王莉
	65	交通工具史话	郑若葵
	66	中西交流史话	张国刚
	67	满汉文化交流史话	定宜庄
	68	汉藏文化交流史话	刘忠
	69	蒙藏文化交流史话	丁守璞 杨恩洪
	70	中日文化交流史话	冯佐哲
	71	中国阿拉伯文化交流史话	宋岘

系列名	序号	书名	作者
思想学术系列（21种）	72	文明起源史话	杜金鹏　焦天龙
	73	汉字史话	郭小武
	74	天文学史话	冯　时
	75	地理学史话	杜　瑜
	76	儒家史话	孙开泰
	77	法家史话	孙开泰
	78	兵家史话	王晓卫
	79	玄学史话	张齐明
	80	道教史话	王　卡
	81	佛教史话	魏道儒
	82	中国基督教史话	王美秀
	83	民间信仰史话	侯　杰
	84	训诂学史话	周信炎
	85	帛书史话	陈松长
	86	四书五经史话	黄鸿春
	87	史学史话	谢保成
	88	哲学史话	谷　方
	89	方志史话	卫家雄
	90	考古学史话	朱乃诚
	91	物理学史话	王　冰
	92	地图史话	朱玲玲
文学艺术系列（8种）	93	书法史话	朱守道
	94	绘画史话	李福顺
	95	诗歌史话	陶文鹏
	96	散文史话	郑永晓
	97	音韵史话	张惠英
	98	戏曲史话	王卫民
	99	小说史话	周中明　吴家荣
	100	杂技史话	崔乐泉

系列名	序号	书名	作者
社会风俗系列（13种）	101	宗族史话	冯尔康 阎爱民
	102	家庭史话	张国刚
	103	婚姻史话	张涛 项永琴
	104	礼俗史话	王贵民
	105	节俗史话	韩养民 郭兴文
	106	饮食史话	王仁湘
	107	饮茶史话	王仁湘 杨焕新
	108	饮酒史话	袁立泽
	109	服饰史话	赵连赏
	110	体育史话	崔乐泉
	111	养生史话	罗时铭
	112	收藏史话	李雪梅
	113	丧葬史话	张捷夫
近代政治史系列（28种）	114	鸦片战争史话	朱谐汉
	115	太平天国史话	张远鹏
	116	洋务运动史话	丁贤俊
	117	甲午战争史话	寇伟
	118	戊戌维新运动史话	刘悦斌
	119	义和团史话	卞修跃
	120	辛亥革命史话	张海鹏 邓红洲
	121	五四运动史话	常丕军
	122	北洋政府史话	潘荣 魏又行
	123	国民政府史话	郑则民
	124	十年内战史话	贾维
	125	中华苏维埃史话	杨丽琼 刘强
	126	西安事变史话	李义彬
	127	抗日战争史话	荣维木

系列名	序号	书名	作者
近代政治史系列（28种）	128	陕甘宁边区政府史话	刘东社 刘全娥
	129	解放战争史话	朱宗震 汪朝光
	130	革命根据地史话	马洪武 王明生
	131	中国人民解放军史话	荣维木
	132	宪政史话	徐辉琪 付建成
	133	工人运动史话	唐玉良 高爱娣
	134	农民运动史话	方之光 龚云
	135	青年运动史话	郭贵儒
	136	妇女运动史话	刘红 刘光永
	137	土地改革史话	董志凯 陈廷煊
	138	买办史话	潘君祥 顾柏荣
	139	四大家族史话	江绍贞
	140	汪伪政权史话	闻少华
	141	伪满洲国史话	齐福霖
近代经济生活系列（17种）	142	人口史话	姜涛
	143	禁烟史话	王宏斌
	144	海关史话	陈霞飞 蔡渭洲
	145	铁路史话	龚云
	146	矿业史话	纪辛
	147	航运史话	张后铨
	148	邮政史话	修晓波
	149	金融史话	陈争平
	150	通货膨胀史话	郑起东
	151	外债史话	陈争平
	152	商会史话	虞和平
	153	农业改进史话	章楷
	154	民族工业发展史话	徐建生
	155	灾荒史话	刘仰东 夏明方
	156	流民史话	池子华
	157	秘密社会史话	刘才赋
	158	旗人史话	刘小萌

系列名	序号	书名	作者
近代中外关系系列（13种）	159	西洋器物传入中国史话	隋元芬
	160	中外不平等条约史话	李育民
	161	开埠史话	杜语
	162	教案史话	夏春涛
	163	中英关系史话	孙庆
	164	中法关系史话	葛夫平
	165	中德关系史话	杜继东
	166	中日关系史话	王建朗
	167	中美关系史话	陶文钊
	168	中俄关系史话	薛衔天
	169	中苏关系史话	黄纪莲
	170	华侨史话	陈民　任贵祥
	171	华工史话	董丛林
近代精神文化系列（18种）	172	政治思想史话	朱志敏
	173	伦理道德史话	马勇
	174	启蒙思潮史话	彭平一
	175	三民主义史话	贺渊
	176	社会主义思潮史话	张武　张艳国　喻承久
	177	无政府主义思潮史话	汤庭芬
	178	教育史话	朱从兵
	179	大学史话	金以林
	180	留学史话	刘志强　张学继
	181	法制史话	李力
	182	报刊史话	李仲明
	183	出版史话	刘俐娜

系列名	序号	书名	作者
近代精神文化系列（18种）	184	科学技术史话	姜　超
	185	翻译史话	王晓丹
	186	美术史话	龚产兴
	187	音乐史话	梁茂春
	188	电影史话	孙立峰
	189	话剧史话	梁淑安
近代区域文化系列（11种）	190	北京史话	果鸿孝
	191	上海史话	马学强　宋钻友
	192	天津史话	罗澍伟
	193	广州史话	张　苹　张　磊
	194	武汉史话	皮明庥　郑自来
	195	重庆史话	隗瀛涛　沈松平
	196	新疆史话	王建民
	197	西藏史话	徐志民
	198	香港史话	刘蜀永
	199	澳门史话	邓开颂　陆晓敏　杨仁飞
	200	台湾史话	程朝云

《中国史话》主要编辑出版发行人

总 策 划	谢寿光	王　正	
执行策划	杨　群	徐思彦	宋月华
	梁艳玲	刘晖春	张国春
统　　筹	黄　丹	宋淑洁	
设计总监	孙元明		
市场推广	蔡继辉	刘德顺	李丽丽
责任印制	岳　阳		